TESTS GRÁFICOS y GRAFOLOGÍA como HERRAMIENTAS PROYECTIVAS

Bonum

Ricardo Fernández

TESTS GRÁFICOS y GRAFOLOGÍA como HERRAMIENTAS PROYECTIVAS

Fernández, Ricardo
     Tests gráficos y grafología como herramientas proyectivas /
Ricardo Fernández. - 1a ed. - Ciudad Autónoma de Buenos Aires :
Bonum, 2020..
     236 p. ; 22 x 15 cm.

     1. Grafología. 2. Psicología. I. Título.
     CDD 155

Corrección: Pablo Valle

Diseño de cubierta: Natalia Siri

Diseño de interiores: Cecilia Ricci

Av. Corrientes 6687 (C1427BPE)
Buenos Aires - Argentina
Tel./Fax: (5411) 4554-1414
ventas@editorialbonum.com.ar
www.editorialbonum.com.ar

Impreso en Argentina
Es industria argentina

Índice

Interpretación 11

•••
Capítulo 1.
Relación grafología-Tests gráficos 13
Aspectos comunes a trabajar en escritos y dibujos 15
   Espacio 16
   Forma 23
   Movimiento 28
   Presión 38
   Ejemplo 43

•••
Capítulo 2.
Test de Wartegg 49
Protocolo de administración 49

Antecedentes 50

Administración..51

Consigna..51

Interpretación 52

Examinar los 16 cuadros en su totalidad desde el punto
de vista grafológico (espacio gráfico, orden, dimensión,
forma, velocidad, inclinación, presión, continuidad)...............52

   Orden...55

   Dimensión 56

   Forma 57

   Presión 64

   Continuidad 64

   Inclinación 65

Análisis del simbolismo de cada uno de los cuadros
desde lo grafológico y psicológico 65

Áreas de la personalidad que representa
cada cuadro estudiado 92

   Ejemplos..94

Evaluación..95

Síntesis interpretativa 111

   Área intelectual.. 111

   Área afectiva 111

   Área Social... 112

•••
Capítulo 3.
Test de Bender... 113

Características.. 114

Tarjetas.. 114

Generalidades... 116

Psicología de la Gestalt.. 117

Finalidad del test... 118

Administración 118

Consigna 119

Evaluación 119

    Espacio 119

    Orden 122

    Dimensión 136

    Forma 139

    Movimiento 142

    Presión 144

    Continuidad 147

Simbolismo psicológico de cada figura 151

Ejemplo 153

Análisis e Interpretación 154

•••

Capítulo 4.

Grafología 157

Espacio 159

    Orden 160

    Dimensión 160

Forma 160

Movimiento 161

    Velocidad 162

    Dirección 162

    Inclinación 162

    Continuidad 162

    Presión 161

Grafología emocional 163

    Rasgos gráficos positivos 164

    Rasgos gráficos negativos 164

    Palabras reflejas 166

    Palabras estímulo 168

    Dominio de las emociones al escribir 169

•••
Capítulo 5.
Test desiderativo (Versión grafológica)

Antecedentes de la técnica...173

Objetivo 174

Fundamentación teórica...174

Administración..175

Generalidades...177

Interpretación 179

Mecanismos de defensa 182

Desiderativo vocacional (ADOV) 185

Objetivo:..185

Características: 185

Consigna 186

Análisis de la prueba...185

Interpretación 185

Ejemplo 188

Interpretación 189

•••

Capítulo 6.

Test de las frustraciones (PFT)
Versión reducida a 12 situaciones 191
Características...191
Frustraciones...193
Nivel de tolerancia a la frustración 193
Aspectos que permite detectar la prueba 196
Administración..196
Versión acotada para selección de personal 196
Consigna...197
Láminas a mostrar 198
Respuestas posibles a la frustración....................................201
Respuesta de persistencia de la necesidad.........................201
Respuestas de predominio del obstáculo 202
Respuestas de Super yo..202
Negación de la frustración..202
Respuestas de sumisión- solución..202
Respuestas humorísticas...203
Agresión proyectada 203
Evaluación..203
Tolerar frustraciones 204
Bajo nivel de tolerancia a las frustraciones........................206
Ejemplo...209
Evaluación 212
Interpretación 213

•••

Capítulo 7.

Test de frases incompletas de Sacks (FIS).......................215
Introducción...215
Características del test 216
Objetivo 216

Administración 216

Protocolo 217

Análisis Cualitativo 219

Interpretación 220

    Ejemplo 221

Análisis e interpretación psicológica 223

Bibliografía 233

Las test gráficos y la grafología, comparten el grafismo como material de estudio.

Cada trazo ejecutado sobre un papel, ésta realizado por una persona que deja una huella impresa, con gestos característicos, que la hacen diferente de otras.

El cerebro es el que produce esos trazos. Para poder escribir, dibujar, pintar, es necesario de una apoyatura biológica que la produzca.

Los dos hemisferios, los cuatro lóbulos y otras estructuras como tálamo, hipotálamo, cerebelo, sistema límbico, médula espinal entre otros, están coordinando información para producir cada gesto, que queda reflejado en el papel.

La forma de pensar influye para que se liberen neuroquímicos, que generan emociones, a su vez estos actúan sobre el cuerpo, produciendo sensaciones físicas acorde con lo que se siente, lo que puede generar síntomas, que intensifica lo que se piensa (negativo o positivo) y retroalimenta el circuito innumerable cantidad de veces.

El grafismo resultante, va a ser una señal que queda impresa, que ésta denotando lo que le pasa a esa persona, tanto a nivel consciente como inconsciente. El sistema nervioso del escribiente o dibujante, queda externalizado en esas líneas o dibujos.

Los dibujos y la escritura comparten muchos aspectos de análisis, para comprender lo que dice ese material.

En este libro vamos a trabajar la *relación existente entre los Test gráficos y grafología* , los parámetros comunes que hacen a los grafismos.

Se realizará una mirada de acuerdo a los ocho géneros grafológicos y se los llevará a cada uno de los test trabajados, para una lectura de los mismos desde lo que expresan los grafismos. Luego se hará una interpretación desde lo que puede aportar el simbolismo psicológico.

Trabajaremos sobre los Test de:

Wartegg: sus fundamentos, administración, géneros grafológicos, simbolismo de los 16 cuadros que aporto el maestro Pedro Dalfonso.

Bender: Fundamentos, leyes de la Gestalt, administración, evaluación de acuerdo los géneros gráficos.

Grafología emocional: teoría y técnica creada por Curt Honroth, para aplicarla en los test gráficos

Test Desiderativo gráfico: fundamentos, administración, géneros grafológicos, simbolismo de las respuestas

Frustraciones de Rosenzweig (versión modificada): fundamentos, administración, géneros grafológicos, simbolismo de las respuestas

Frases incompletas (adaptado a grafólogos): fundamentos, administración, géneros grafológicos, simbolismo de los grupos de respuesta.

CAPÍTULO 1

Relación grafología- Tests gráficos

Estamos trabajando en el ámbito de las técnicas proyectivas gráficas.

Técnica: *según el diccionario* es el conjunto de procedimientos de que se sirve una ciencia o un arte. Habilidad para utilizar esos procedimientos. Destreza para hacer o conseguir algo. Método de análisis.

Técnica Proyectiva: es un método de estudio de la personalidad, que lleva a que el sujeto responda de acuerdo a lo que interpreta y siente, ante la situación estímulo que se le presenta.

Proyectiva deriva de *Proyección.*

Proyección: equivale al "acto de arrojar algún cuerpo al aire, y también hace referencia al impulso del objeto arrojado"

Freud

Utilizó el término en sentido psicológico. La *Proyección* de las percepciones interiores al exterior es un mecanismo incorporado.

Las percepciones internas de acuerdo a las ideas y emociones son proyectadas hacia afuera y tenidas en cuenta para interpretar lo que acontece en el mundo exterior.

También se lo tomó como *mecanismo de defensa*: que se produce cuando de manera inconsciente se atribuye a las otras personas ideas, sentimientos, emociones que son propias, como modo de disminuir la culpa o angustia que se generaría si se lo reconoce como personal.

Técnicas Proyectivas Gráficas

Estudian la personalidad a través de la proyección de la misma en el grafismo (garabato, dibujo, escritura).

Características de las Técnicas Proyectivas Gráficas

En psicología se busca estudiar la personalidad de alguien, analizando su conducta en situaciones determinadas. De ahí se infieren rasgos de personalidad. La escritura y el dibujo pueden ser estudiados, ya que son ambas una muestra de conducta.

La escritura no es otra cosa que un dibujo.

La conducta tiene que ver con la estructura de personalidad. Todo acto realizado, deja al descubierto esa característica personal. El resultado grafico obtenido, es un reflejo de la personalidad en esa situación.

Cuando se solicita a una persona que escriba o dibuje, al hacerlo deja el rastro de sus conflictos, de sus potencialidades, de su funcionamiento en el plano intelectual, de sus sentimientos y emociones, de su integración social, etc.

Palmiro Viñas Ciruelos dice que "trabajar con técnicas proyectivas gráficas es trabajar con hipótesis interpretativas, nunca con certezas. Conforme vamos analizando los diferentes dibujos, podemos ver contestadas algunas de las hipótesis que nos habíamos planteado al principio. No hay ninguna variable gráfica que se pueda interpretar por separado. El todo siempre es más importante que las partes (*Gestalt*)".

Cuando los gráficos logran una *buena Gestalt*, hablan de las posibilidades que tiene la persona para enfrentar las diferentes situaciones, tiene los recursos para solucionar los problemas que la vida le trae.

Cuando esa *Gestalt no es positiva*, habla de que no cuenta con las herramientas necesarias para enfrentar las vicisitudes de la vida.

Las Técnicas Proyectivas gráficas, son herramientas destinadas a interpretar con material accesible a todos y en poco tiempo, la conducta del individuo.

Se pueden ubicar dentro del amplio abanico de las Técnicas Proyectivas en general (de *Estimulación Visual*, de *Estimulación Auditiva*, de *Juego y Dramatización)*, y de las específicas de **Estimulación Visomotora** (Bender, Wartegg, HTP, Miokinético, Grafología, etc.).

Aspectos comunes a trabajar en escritos y dibujos

En el momento del análisis, interpretar una escritura como hacerlo con un dibujo, presentan parámetros comunes, cuentan con la misma fundamentación teórica.

Dice Palmiro Viñas Ciruelos, los cuatro aspectos básicos en que una persona se expresa son:

~ *Espacio*: la adaptación a lo social.

~ *La forma*: la adaptación al mundo cultural.

~ *El movimiento*: la adaptación a lo pulsional.

~ *La presión*: la adaptación a la voluntad.

Espacio

Es importante observar como el grafismo ocupa la hoja. Abarca la mirada sobre el *espacio gráfico,* como los géneros *orden* y *dimensión.*

Max Pulver (psicólogo y grafólogo suizo) ha llevado el simbolismo espacial a la escritura y fue utilizado también en la interpretación de los dibujos.

Freud introdujo el simbolismo en la psicología. Los test proyectivos (Rorschach, T.A.T, Desiderativo, Gráficos, etc.), están interpretados por el contenido simbólico de las respuestas.

La hoja en blanco es una representación del espacio vital, con el que se maneja la persona en su mundo real.

La cantidad de espacio que el sujeto ocupa y el modo cómo lo ocupa, indica la manera cómo se desenvuelve en su entorno familiar, social y la vida en general.

Simbolismo del espacio gráfico en 9 cuadrantes

~ Regresión ~ Inhibición ~ Reserva ~ Pegado al pasado ~ Nostalgia ~ Traumas ~ Infantil ~ Inmaduro ~ Angustia ~ Introversión	~ Súper yo ~ Idelaes ~ Mandatos ~ Intelectualidad ~ Espiritualidad ~ Creatividad ~ Ambición ~ Lo consciente ~ Fantasía ~ Superioridad	~ Futuro ~ Proyectos ~ Independencia ~ Meta ~ Rebelión ~ Iniciativa ~ Oposición ~ Libertad ~ Vitalidad
~ Represión ~ Familia ~ La madre ~ Introversión ~ Encerrado en sí mismo ~ No sale hacia los otros ~ Pasividad ~ Prudencia ~ Temor ~ Timidez ~ Inseguridad	~ Yo ~ Presente ~ Egocentrismo ~ Lo inmediato ~ La zonal del aquí y ahora ~ Sentimientos ~ Sensibilidad ~ Autocontrol	~ Futuro ~ Expansión ~ Sociabilidad ~ Extraversión ~ Altruismo ~ Ambición ~ Actividad ~ Audacia ~ Los otros
~ Conflictos ~ Depresión ~ Se aumentan las defensas ~ Preocupaciones obsesivas ~ Acaparador de atención ~ Acaparador de cuidado	~ Ello ~ Impulso ~ Instintos ~ Goce físico ~ Lo instintivo ~ Lo material ~ Sexualidad ~ Inconsciente ~ Lo motriz ~ Excitación	~ Terquedad ~ Obstinación ~ Necesidades ~ Conflicos ~ Interés material ~ Desmoralización ~ Pesimismo

Leonardo Lembo, grafólogo argentino, amplió las teorías sobre el Espacio gráfico, llevando a 729 zonas su división.

Combina las teorías de Max Pulver y otros, integrando el test de colores de Max Luscher, la teoría de temperamentos, la grilla topológica, etc.

Habla de *Espacios moleculares*, que son los 9 recién detallados. *Espacios atómicos*, cuando cada uno de esos 9 espacios, se lo subdivide a su vez en 9 partes, dando lugar a 81 espacios atómicos. *Espacios nucleares*, donde se subdivide a su vez cada espacio atómico en 9 partes, para llegar a 729 zonas.

Orden

Escritura

Es la distribución, disposición y proporción del texto en la hoja.

Dibujos

Es la nitidez o no de las líneas, el encuadramiento o no del dibujo en la hoja, la proporción o desproporción entre las partes del dibujo.

Significación psicológica:

Orden mental. Capacidad de adaptación social o Desadaptación a las normas.

Escritura Clara

La claridad en el grafismo resulta de una equilibrada distribución del texto y de los espacios en blanco. Las letras, palabras y líneas están correctamente separadas.

Dibujo Claro

La claridad se conoce por la precisión, nitidez, delimitación correcta de los trazos, que son nítidos. Hay un empleo equilibrado de los espacios en blanco. Las formas son las necesarias y sin complicaciones

Significación psicológica:

Claridad en sus ideas. Sabe lo que quiere y busca. Sentido de la orientación. La razón controla la imaginación. Tiende a ser objetivo, organizado. Es claro en el momento de tener que transmitir algo. En lo negativo puede estar hablando de una persona poco creativa, que no le gusta salirse de sus estructuras.

Escritura Proporcionada

Se da un equilibrio entre las cinco zonas espaciales (superior, media inferior, inicial, final), se incluye puntos, acentos, barras de "t", etc. Puede existir alguna mínima diferencia, pero no desequilibrios.

Dibujo Proporcionado

Cuando hay equidad en las partes que constituyen el dibujo.

Significación psicológica:

Armonía entre el sujeto y el medio, armonía interior, equilibrio entre las necesidades espirituales y materiales, sueños afianzados a tierra, idealismo que no se pierde por las nubes, hay control y dominio de sí.

Superioridad moral, valoración de los hechos y las cosas inspiradas en la observación. Sobriedad, orden moral, distinción, ponderación, equilibrio de deberes sociales y profesionales.

Escritura Desproporcionada

Las letras y sus partes presentan desequilibrios en alguna o varias de las zonas (inicial, final, izquierda, media, derecha).

Dibujo Desproporcionado

En los dibujos hay partes que ofrecen irregularidades, asimetrías o desmesuras.

Cualquier parte del dibujo con un tamaño que está en desproporción, con el resto del mismo

Significación psicológica:

Dificultad a la hora de relacionarse con el medio. Desequilibrio entre los diferentes planos de la personalidad. La imaginación, la fantasía domina la razón. Tendencia a exagerar o disminuir la importancia de las cosas. Puede actuar por impulsos.

Simetría

Es uno de los principios que tiene en cuenta la Gestalt.

Dibujo Simétrico

Equilibrio entre las zonas izquierda y derecha del dibujo. Se la
logra trazando una línea vertical en la mitad del dibujo. No debe
darse de una manera rígida.

Significación psicológica:

Si hay simetría hay equilibrio en las áreas de la personalidad.

Dibujo Asimétrico

Acentuación de una de las zonas (izquierda o derecha), por
sobre la otra

Significación psicológica:

Desequilibrio en la personalidad. De acuerdo al tipo de dibujo
y lo representado en cada zona, se ve a que le da mayor o menor
importancia en su vida.

Dimensión

Escritura

Tiene que ver con la altura y la anchura de la zona media, la
altura de hampas y mayúsculas, el largo de las jambas.

Dibujo

Tamaño de acuerdo al espacio ocupado sobre el papel, en el que se realiza la prueba.

Significación psicológica:

La página en blanco, es el espacio del que dispone el examinado para moverse, es una pequeña muestra de cómo se maneja en el espacio exterior, en el mundo real.

El tamaño de las figuras en la hoja, tiene relación con el espacio que desea ocupar el sujeto en el mundo. Esta en relación con su autoestima, la autoimagen (plano vertical), la necesidad de expansión (plano horizontal).

Escritura Mediana (Normal)

La altura de la zona media de la escritura se da entre 2,5 y 3,5 mm. La anchura se da cercana al 80% de la altura.

Dibujo Normal

El tamaño del dibujo es del 50% al 75% del tipo de papel empleado. Se ven espacios sin ocupar a los lados del dibujo.

Significación Psicológica:

Son personas con buena adaptación al medio, se mueve entre intro-extroversión, de acuerdo a las circunstancias, sabe manejarse con los demás. Buena autoimagen. Sus reacciones son equilibradas, sabe organizarse cuando debe realizar algo. Inteligencia de términos normales.

Escritura Grande

La zona media de la escritura, es mayor a los 3,5 mm. Generalmente las hampas, jambas y mayúsculas son superiores a lo normal.

Dibujo Grande

Lo dibujado ocupa más del 75% de la hoja. Mucho espacio de la hoja ocupado. Hay poco espacio blanco.

Significación Psicológica:

Predomina la imaginación, por sobre la razón.

Es típico de personas extrovertidas, a la que no le gusta pasar desapercibido. Necesidad de llamar la atención, vanidad. Busca permanente del reconocimiento de los otros. Con grandes objetivos, por momentos desea abarcar más de lo que puede manejar. Un tanto histriónico en la manera de mostrarse.

Escritura muy Grande

La zona media es mayor a los 4,5 mm.

Dibujo muy Grande

El dibujo necesita más que el contorno del papel, parece como si siguiera más alla de los márgenes. Como si el dibujo continuara en la mesa o escritorio sobre el que ésta haciendo la producción.

Significación Psicológica:

Se caracteriza por tener una mirada global de las cosas, no mira los detalles pequeños. Alto nivel de ambiciones. Omnipotencia. Tendencia a un tipo de pensamiento mágico.

Necesita ocupar mucho espacio en el mundo en el que se mueve. Nada le alcanza, con lo cual padece de una gran insatisfacción. Cree que es más de lo que es, con una imagen grandiosa de sí mismo. Muestra una actitud arrogante, parece que se llevara el mundo por delante, pero generalmente se debe a una compensación del sentimiento de inferioridad.

Escritura Pequeña

El cuerpo medio de la escritura es inferior a los 2,5 mm. Las hampas, jambas y mayúsculas, en general no se destacan.

Dibujo Pequeño

El dibujo ocupa de un 25% a un 50% del papel. Menos de la mitad de la hoja.

Significación Psicológica:

Personas observadoras y críticas. Tendencia a prestar atención a los detalles, minucioso. Tendencia a la reflexión. Suele economizar, en tiempo, dinero y esfuerzo.

Es sencillo, con una tendencia a la retracción. Se valora menos de lo que es, lo que redunda en su autoestima, que suele estar baja. Suele compararse y sentirse menos que los demás. Tímido, inhibido, con pocas expectativas de hacer cosas. Sus proyectos son acotados. Introvertido, le cuesta establecer comunicaciones con fluidez.

Escritura muy Pequeña

La altura de la zona media es menor a 1,5 mm.

Dibujo muy Pequeño

Ocupa menos del 25% del papel.

Significación psicológica:

Realiza pocas cosas, pero puede especializarse, debido a su actitud detallista. Observador, estudioso de cada cosa en la que se compromete. Le cuesta mirar la globalidad y llegar a hacer síntesis. Pocas ambiciones, muy medido en sus proyectos. Marcado sentido de la economía.

Mucha inhibición, producto de un gran temor a fallar. Suele ser humilde, le gusta pasar desapercibido. Un tanto egoísta, demasiado centrado en sus cosas. Sentimiento de inferioridad, inseguridad, autoestima baja.

Forma

Significación Psicológica

La forma es lo más consciente, ya que al escribir o dibujar hay una preocupación por la misma. Por lo menos en un principio, se busca que sea lo más precisa posible, cosa que se va perdiendo a medida que avanza el grafismo.

Deja al descubierto las características personalidad, la cultura, la capacidad creativa, el grado de adaptación social, la extro o introversión. El predominio del pensar, sentir, intuir, percibir, etc.

Un aspecto a estudiar se refiere a la **ejecución,** donde tiene importancia el tipo de línea elegido para los escritos o dibujos. Es un estudio de cuales fueron los elementos, que se eligieron para construirlos.

Hay cuatro elementos básicos para la construcción de escritos y dibujos.

Punto

Grafismos

Generalmente utilizado para señalar los puntos de la"i", puntos y aparte, ojos, narices, continuación de puntos en wartegg, figuras con puntos en Bender, etc.

Significación psicológica

Para Biedma y D'Alfonso el punto puede ser un "signo de perplejidad, de duda, de inseguridad o de confusión, a causa de su imprecisión".

Da muestra de inseguridad, imperfección, inmadurez, falta de preparación para enfrentarse y resolver problemas.

Recta

Escritura

Realizada preferentemente por movimientos rectos. Barras de "t", hampas de la "d", "t", etc. Se puede también tomar como referencia la escritura de inclinación vertical.

Dibujo

Predominan las rectas. La línea recta se suele utilizar para enmarcar la cara, el tronco o las extremidades, el techo de la casa, las paredes, el tronco del árbol, etc.

Significación psicológica:

Predomina la razón para las decisiones, por sobre las emociones. Claridad de ideas.

Rigidez, frío en el momento de expresar emociones. Firme en sus convicciones. Agresivo si las cosas no se dan por los carriles que esperaba. Decidido, constante en su carácter. Perseverante. Sabe ir a lo esencial en el momento de actuar. Le cuesta establecer vínculos sociales, si no se dan bajo sus reglas. Manejador, le gusta que las cosas sean como las tiene pensadas. Si no puede lograr lo que desea, se aleja de los vínculos. Dureza. No tiene problema en decir lo que piensa, aunque lastime con sus dichos.

Curva

Escritura Redondeada

En la estructura de las letras predomina el elemento curva. Los ángulos naturales de la caligrafía se suavizan tomando la forma de guirnalda, arcos, lazos o bucles.

Dibujo

Predomina en su construcción las líneas curvas, redondeadas.

Significación psicológica:

Imaginativo, creativo. Buena capacidad de memoria. Flexible en sus ideas. Potencialidades artísticas (en algunos casos). Intuitivo.

Predomina la sensibilidad, afectivo en sus manifestaciones. Tolerante. Le cuesta tomar iniciativas. Todo le llega en profundidad. Le cuesta el esfuerzo sostenido, claudica cuando se le complican las cosas.

Extrovertido, Diplomático, sociable, amable. Sabe cómo acercarse y comunicarse con los demás. Puede ponerse en el lugar del otro, presenta una alta dosis de empatía. Se adapta con facilidad al medio. Hace relaciones con frecuencia.

Ángulo

Escritura Angulosa

Las letras están formadas por movimientos de trazo anguloso o triangular. Los ángulos no se resaltan y se debilitan los trazos en curva.

Dibujo

Presenta ángulos en los lugares donde son esperables curvas.

Significación psicológica:

Predomina la razón y la lógica en las decisiones. Activo, emprendedor. Rígido en sus ideas. Combativo cuando de defenderlas se trata. Perseverante. Firme con sus ideales.

Tenaz, luchador. Capacidad para resistir a pesar de las dificultades. Enérgico, con mucha voluntad para llevar adelante algo. Agresivo cuando quiere lograr algo o defenderse. Va al choque con facilidad. Duro con sus críticas. Poca tolerancia. Esta generalmente a la defensiva.

Introvertido. Dificultades para adaptarse socialmente. Independencia, individualista. Tendencia a imponer su punto de vista. Capacidad para mandar. Frío al momento de expresar emociones, cambios bruscos en el comportamiento, de acuerdo a lo que conviene.

Desea que los demás se adapten a sus necesidades, de no lograrlo, aparta la gente que no le sirve a sus objetivos. Insatisfacción, producto de su perfeccionismo. No se deja influir.

Es difícil para compartir junto a él.

Escritura Sencilla

Las letras son abreviadas a su estructura esencial mínima, restringiéndolas a su esqueleto básico.

Dibujo Sencillo

Los dibujos presentan una estructura mínima, limitando su forma a las partes básicas. Ausencia de detalles.

Significación psicológica:

Persona simple, sencilla, práctica. Inteligencia utilizada para salir airoso de los inconvenientes, con el menor esfuerzo posible.

Poca energía para realizar las cosas. Va a lo concreto. No le gusta dar rodeos. Simplifica las cosas.

Escritura Simplificada

Realiza las letras sacando parte de los rasgos esenciales, pero mantiene la legibilidad.

Dibujo Simplificado

Los dibujos logran con unas pocas líneas. Puede faltar algún detalle de los mismos. Pone poco esfuerzo y poco tiempo para realizarlos.

Significación psicológica:

Ligero para captar las cosas. Dinámico. Sabe aprovechar el esfuerzo.

Predominio de la razón sobre la imaginación. Busca siempre la solución por el camino más fácil.

Preciso, conciso, sencillo. Capacidad hacer síntesis. No presta demasiada atención a lo externo.

Escritura Complicada

Las letras contienen trazos superfluos y excesivos que no existen en el modelo caligráfico.

Dibujo Complicado

En los dibujos abundan las elaboraciones y las complicaciones en su armado, por ej: casa llena de paisajes, árboles, pájaros, etc. que son agregados a la consigna. Etc. Los detalles son excesivos.

Significación psicológica:

Fantasioso. Tendencia a complicar las cosas. Se nutre de las cosas que no son importantes y deja lo central de lado. En sus explicaciones sabe hacer las cosas más interesantes de lo que realmente son. Le gusta sobresalir y aparentar. Muestra una imagen que no es la real. Vive de apariencias. No es franco. Se valora por encima de lo que realmente vale.

Movimiento

Velocidad

Escritura

La ligereza de los movimientos con que se realizan los grafismos.

Dibujos

La rapidez con que el sujeto realiza sus dibujos.

Significación psicológica:

La rapidez de un grafismo es efectiva en un ambiente gráfico positivo, lo que denota rapidez para actuar, pero con buenos resultados. La velocidad en ambiente gráfico negativo, está marcando una conducta impulsiva, sin medición de resultados y consecuencias.

Rapidez o lentitud para elaborar ideas para la resolución de problemas.

Tiene relación con la prontitud o no, para encarar las situaciones importantes. La confianza que tiene sobre sí mismo. Capacidad de adaptación a las situaciones nuevas. Espontaneidad.

Refleja el tipo de temperamento predominante.

Escritura Rápida (en ambiente gráfico positivo)

Los movimientos gráficos rápidos son: curvilíneos, se unen mediante enlaces originales. Los puntos, barras de t, acentos, etc. se dirigen hacia la derecha, y se adelantan a las letras correspondientes.

Las terminaciones son aceradas o puntiagudas, las letras no tienen su forma completa o faltan letras al final de las palabras. El cuerpo de la escritura no es muy grande.

Dibujo Rápido (con trazos armónicos y buena configuración)

La ejecución del dibujo se realiza en poco tiempo, con los elementos básicos.

Significación psicológica:

Rapidez para captar situaciones y buscar una salida adecuada a los mismos. Buen nivel de inteligencia. Activo, dinámico, emprendedor. Energía vital. Va a la esencia de las cosas. Encara de lleno los objetivos que tiene. Sabe diferenciar lo que quiere de lo que no. Se saca de encima los obstáculos, que lo frenan en el logro de sus metas.

Escritura Lenta

El grafismo es lento cuando los movimientos son: muy redondos o angulosos, muy adornados, regulares, monótonos, caligráficos, muy grandes o exagerados, pesados, pastosos, inhibidos, vacilantes, regresivos o desligados, los puntos acentos y barras de t están detrás del sitio correspondiente.

Dibujo lento

Los dibujos están realizados con detalles agregados. Suele tomarse un tiempo mayor al esperado para hacerlos.

Escribir o dibujar lento, es signo de alguien que necesita tomarse el tiempo necesario, para producir algo.

Sus procesos mentales son lentos, reflexivos, estudia los pormenores antes de ponerse en acción. Observador muy perceptivo. Precisión.

Serenidad. Es más bien pasivo, se toma su tiempo antes de llevar adelante una acción. Es bueno para actividades regulares, metódicas y con poco cambio. Sus producciones suelen ser bajas en cantidad, pero positivas en calidad.

Escritura Moderada o Pausada

La escritura es moderada cuando posee tamaño mediano, las letras están completas y bien formadas, puntos, acentos y barras de t en el lugar que se espera, barras de t cortas, no hay grandes desigualdades.

Dibujo Moderado

El dibujo es espontáneo, con los rasgos necesarios para diferenciarlo y realizado en un tiempo normal.

Significación psicológica:

La inteligencia funciona con el ritmo del grafismo, necesita estudiar antes de decidir, pero ese tiempo no es excesivo. Suele tratar de pararse en la realidad. Le gusta llevar adelante emprendimientos con una cierta profundidad. Sabe solucionar inconvenientes. No se exalta ante lo imprevisto. Equilibro emocional. Le gusta llegar al fondo de lo que hace.

Dirección

Escritura

El trayecto que sigue la hilera del renglón camino que va de izquierda a derecha.

Dibujo

La trayectoria que sigue la línea de base sobre el que se posa el dibujo.

Significación psicológica:

Estabilidad emocional. Nivel de ambiciones personales. Fuerza para vencer los obstáculos del medio.

Escritura Horizontal

Las líneas del renglón tienen un recorrido recto, desde la izquierda a la derecha.

Dibujo Horizontal

Los dibujos se sostienen apoyados sobre una base equidistante, a los márgenes superior e inferior.

Significación psicológica:

El nivel de ambiciones está dentro de las potencialidades del sujeto. Inteligencia mediana. Es práctico para resolver cuestiones y objetivo a la hora de analizarlas.

Estabilidad emocional. Equilibrio. Seguridad. Independencia, adaptación. Encuentra los recursos y la energía justos para enfrentar los problemas de la vida.

Escritura Ascendente

Las líneas del renglón suben de izquierda a derecha. Las últimas palabras del renglón están más altas que las primeras.

Dibujo Ascendente

Los dibujos se apoyan sobre un piso, que sube en su recorrido de izquierda a derecha.

Alto nivel de aspiraciones. Ambicioso. Optimista. Se siente con mayor fuerza que lo que las cosas le requieren. Cree que se lleva todo por delante. Imaginación.

Egocentrismo. Extroversión. Seguridad. Dinámico, emprendedor. Energía vital. Fuerza para llevar adelante las tareas.

Escritura Descendente

Las líneas caen en su camino de izquierda a derecha. Las últimas palabras de la línea, están más bajas que las primeras.

Dibujo Descendente

Los dibujos se apoyan sobre un piso, que cae en su recorrido de izquierda a derecha.

Significación psicológica:

Bajo nivel de expectativas y ambiciones. Lentitud de ideas. Estado de ánimo caído, que puede lindar con la depresión. Inseguridad, Introversión, dependencia. Siente no poseer la fuerza suficiente, para enfrentar al ambiente y resolver problemas. Las exigencias del medio lo superan.

Inclinación

Escritura

Es la desviación de la escritura de su eje central.

Dibujo

Tener en cuenta hacia donde se dirige el dibujo. Si se trata del dibujo DFH, hacia donde se orienta el cuerpo o la mirada. Si es un vehículo, bicicleta, avión, coche, etc. hacia donde se dirige.

Escritura hacia la Izquierda

Las letras se desvían hacia la izquierda (hacia atrás).

Dibujo hacia la Izquierda

En el dibujo lo observamos por dirigirse hacia la izquierda.

Significación psicológica:

Tomar distancia de los demás, introversión, predominio de la vida interior, dependencia de la madre, conflictos que no se han superado.

Postura defensiva, represión. Actitud de observación en los vínculos sociales. Desconfía del otro. Puede inventar situaciones, para salirse con la suya frente a los otros.

Escritura hacia la Derecha

La desviación de las hampas y jambas es hacia la derecha.

Dibujo hacia la Derecha

Los dibujos se dirigen hacia la zona de la derecha.

Significación psicológica:

Extroversión, capacidad de comunicación. Busca el contacto con los demás, sociable. Generador de proyectos. Iniciativa, decisiones. Confianza en el éxito de lo encarado. Independencia. Búsqueda de crecimiento. Acepta la autoridad.

Afectivo, amable, simpático, cortés, cordial, tiende a estar insertado en grupos sociales. Busca actividades de contacto humano.

Escritura Vertical

Escritura a 90°, perpendicular a la base de apoyo.

Dibujo Recto o Vertical

Dibujo realizado a 90° (se ve más en árbol y DFH)

Significación psicológica:

Rigidez, rigor, inflexibilidad. Seguridad. Pensamiento lógico. Dominio de la razón y la reflexión. Introversión. Toma distancia de los vínculos sociales. Energía volitiva. Fortaleza del yo. Domina el Super yo. Tendencia a mandar. Le cuesta adaptarse a un rol de subordinación.

Escritura Desigual

Las letras tienen una fluctuación oscilante. Se alternan las inclinadas hacia la derecha, izquierda, rectas o verticales.

Dibujo Desigual

Hay cambios en la inclinación, entre las diferentes partes dentro del mismo dibujo o entre diferentes dibujos.

Por ej., en el dibujo de la casa, ésta se orienta hacia la derecha y el humo de la chimenea se dirige hacia la izquierda.

Significación psicológica:

Cambiante, ambivalente, indeciso. Falta de coordinación. Estado de ánimo cambiante. Contradicciones internas. Incertidumbre, inseguridad. Dificultad para tomar decisiones.

En el caso específico del dibujo del D.F.H podemos tener en cuenta también la orientación:

Dibujo hacia el Frente

Significación psicológica:

Va derecho a los otros. Busca concretar sus proyectos. Camina hacia las metas con decisión.

Dibujo de Espaldas

Significación psicológica:

Desea pasar inadvertido. Ocultación. Oposicionismo. Introversión. Aislamiento. Depresión. Posible psicopatía o psicosis.

Continuidad

Escritura

Conexión entre las letras de las palabras, regularidad o no en el texto y avance progresivo o regresivo.

Dibujo

Uniones posibles del trazo en los puntos de contacto.

COHESIÓN

Escritura Ligada

Las letras o sus partes están enlazadas entre sí.

Dibujo Ligado

Dibujos de línea continua, en sus puntos de encuentro de las líneas.

Significación psicológica:

Hay coordinación y coincidencia entre lo que piensa y hace. Predomina la lógica y el razonamiento. Búsqueda de objetivos. Memoria. Obstinado. Pasa del deseo a la concreción de forma rápida. Continuidad en ideas, afectos.

Extroversión. Buena comunicación con los demás. Busca vincularse con los otros. Sociabilidad. Dinamismo.

Escritura Desligada

Las palabras están formadas por letras desunidas. Las letras no tienen unión unas con las otras en las palabras.

Dibujo Desligado

Son los dibujos de líneas separadas, formado por muchas pequeñas rayas o discontinuidad en los puntos de contacto.

Significación psicológica:

Intuitivo. Imaginativo. Disperso. Capacidad de creación, pero discontinuidad a la hora de llevar adelante los proyectos. Carece de lógica. Poca practicidad. Le cuesta la continuidad de lo iniciado. Cualquier frustración lo desvía del camino. Tendencia a una actitud egocéntrica.

Escritura Agrupada

Las palabras están constituidas por grupos de dos, tres, cuatro o más letras, según la extensión de las palabras.

Dibujo Agrupado

Se relaciona con los dibujos de continuidad intermedia. Es diferente el ritmo de paradas mientras realiza el dibujo.

Significación psicológica:

Capacidad para ordenar, planificar. Se adapta con facilidad a los conflictos. Equilibrio entre la actitud introvertida y extrovertida según las circunstancias. Es práctico, sin descuidar la estética.

REGULARIDAD

Escritura Regular

Hay constancia en todos los géneros grafológicos.

Dibujo Regular

Constancias en todos los aspectos del dibujo.

Significación psicológica

Predomina la razón sobre la emoción. Constante en ideas. Perseverante. Metódico, organizado. Dificultad de adaptación a los cambios. Domina el super yo. La voluntad dirige las acciones. Autocontrol. Seguridad personal. Sabe lo que quiere.

En ambiente negativo puede hablar de: rutinario, rígido, dificultades para conectarse con el mundo exterior.

Escritura Irregular

Hay inconstancia en los diferentes aspectos gráficos.

Dibujo Irregular

Inconstancia en los diferentes aspectos de los dibujos.

Significación psicológica:

Predominio de la emoción sobre la razón. Sus ideas y proyectos varían. Débil voluntad. Influenciable. Inestable, Indeciso. Cambiante. Inconstante. Excitable. Nervioso, inseguro, falla en el autocontrol.

FORMA DE AVANCE

Escritura Progresiva

Los movimientos se dirigen con naturalidad a la derecha y lo alto de la hoja.

Dibujo Progresivo

Se produce cuando se da el predominio de movimientos horizontales que van de izquierda a derecha.

Significación psicológica:

Facilidad para expresar sentimientos y emociones. La energía se dirige a concretar los deseos. Es positivo ya que tiende a ir hacia adelante, abrirse al mundo, comunicarse con la gente. Fuerza para luchar contra los obstáculos. Búsqueda de nuevas perspectivas. Adaptación a los cambios. Tendencia a la extroversión. Busca adaptar la realidad a sus necesidades. Estado de ánimo positivo. Cree en sus potencialidades.

Escritura Regresiva

Los movimientos que deben marchar hacia la derecha regresan y se orientan a la izquierda. Son trazos finales que vuelven a la zona izquierda o se cortan en el momento de avanzar, la presencia excesiva de bucles, espirales. La inclinación con tendencia a la izquierda. El margen izquierdo pequeño o ausente. Margen derecho grande.

Los movimientos horizontales van de derecha a izquierda. Ej: persona que camina hacia izquierda, árbol inclinado a izquierda, etc.

Significación psicológica:

La energía vital esta vuelta sobre el propio yo. Dependencia de las tradiciones familiares, de la madre. Dificultad de crecimiento y maduración. Rasgos narcisistas, egocentrismo. Introversión. Problema para relacionarse y comunicarse con el afuera. Tendencia a establecer vínculos, a los cuales demanda atención en exceso. Estado pasivo, se frena en el momento de llevar adelante sus proyectos. Le cuesta adaptarse a los cambios. Regresión a períodos evolutivos anteriores. Actitud defensiva por temor a equivocarse o que las cosas no se den como las había pensado. Evasión ante las dificultades. Sabe sacar provecho de las situaciones y las personas.

Presión

Es el vigor o fuerza que posee el escrito o el dibujo.

Significación psicológica:

Es una muestra del nivel de energía vital. La cantidad de libido que la persona pone en lo que hace. La voluntad para llevar adelante objetivos. El nivel de resistencia frente a los obstáculos. La capacidad creativa y de acción. La seguridad en sí mismo. El nivel de autoestima. La salud sobre todo en el plano físico.
Se estudian diferentes aspectos:

TENSIÓN

Escritura Firme

Los movimientos son tirantes, rectos y firmes. No se curvan, ni se tuercen en su recorrido.

Los trazos que deberían ser curvos o flexibles, son rectos o angulosos.

Por ej: la copa de un árbol. El cuerpo de DFH.

Significación psicológica:

Carácter fuerte. Potencia para imponer sus criterios. Activo, decidido en lo que se propone. Sabe lo que quiere y hacia donde va. Rendimiento alto. Mucha energía vital y voluntad para llevar adelante cosas. No se deja influenciar. Perseverante, constante, tenaz. Estable. Maduro. Puede llegar a ser rígido e inflexible. Lo negativo que presenta es que puede llegar a ser brusco, con falta de consideración hacia los demás.

Escritura Floja

Predominan los trazos en curva, blandos, débiles, flexibles.

Las hampas y jambas se curvan.

Dibujo Flojo

Los trazos que son esperables como rectos se hacen curvos (por ej. las paredes de la casa, el tronco del árbol):

Significación psicológica:

Poca energía vital. Carece de fuerza de voluntad. Se adapta sin poner obstáculos a las exigencias. Le cuesta poner la energía necesaria para superar las dificultades. No le gustan aquellas cosas que requieren esfuerzo para llevarlas adelante. Tendencia a la pasividad y la pereza. No suele imponerse ante los demás. Es de ser influenciable. Lleno de dudas al momento de tomar decisiones, vacila y claudica con facilidad. Sentimiento de inferioridad. El temor a fracasar lo hace producir menos cosas de las que podría.

PROFUNDIDAD

Escritura Profunda

El trazo penetra en el papel. Se da una hendidura con orillas lisas y bien marcadas.

Dibujo Profundo

Presenta una huella nítida, bien dibujada.

Significación psicológica:

Carácter fuerte y firme. Seguro de lo que dice y hace. Capacidad de liderazgo y de mando. Buena salud. Energía vital alta. Fuerza para realizar y llevar adelante proyectos. Sabe cómo imponerse a los otros. No se deja influenciar. Persona de acción y realización. Suele ir a fondo con lo que hace y con las relaciones que establece. Compromiso profundo en los vínculos.

Escritura Superficial

La huella que debería quedar marcada en el papel, no se observa ni en la lupa, ni tocando la parte posterior de la hoja. El color de la tinta no está repartido igual, varia la intensidad en el mismo trazo.

Dibujo Superficial

El lápiz pasa por la hoja sin dejar surco.

Significación psicológica:

Falta de compromiso en lo que emprende. Los vínculos son superficiales. No es totalmente transparente en sus apreciaciones. Influenciable. Buen trato con la gente. Tímido, inseguro, retraído. Pensamiento mágico.

RELIEVE

Escritura con relieve Alto

El contraste entre Figura y Fondo es bien marcado.

Dibujo con relieve Alto

El dibujo se destaca sobremanera sobre el espacio blanco.

Significación psicológica:

Necesidad de destacarse por sobre los otros. Buena capacidad intelectual. No le gusta pasar desapercibido. Se mete a fondo en lo que hace. No trabaja a medias tintas. Profundidad de compromiso social.

Escritura con relieve Bajo

Escaso contraste entre figura y fondo.

Dibujo con relieve

El dibujo no se destaca con nitidez sobre el fondo del papel.

Significación psicológica:

Desea pasar desapercibido. No busca destacarse. No muestra la capacidad que puede poseer. No se mete con compromiso en lo que hace. Los vínculos no son profundos
La presión puede presentar anomalías:

ANOMALÍAS
Torsiones

Escritura

Cuando las hampas y jambas que deberían ser rectas, se tuercen como si se doblaran.

Dibujo

Cuando los trazos de los dibujos que deberían ser rectos (ej. paredes de la casa) aparecen torcidos, doblados.

Bajo nivel de atención. Bajo nivel de rendimiento. Puede haber un padecimiento físico (respiratorio, cardíaco, etc.). Ambivalencia. Inseguridad. Baja autoestima. Dudas, vacilaciones. Falta de energía para enfrentar obstáculos. La energía se disipa en la falta de definiciones.

Temblores:

Escritura

Los trazos se construyen con ángulos pequeños, dando la impresión de que se tiembla mientas se escribe.

Dibujo

El dibujo se caracteriza por un trazado con ángulos pequeños, que lo hacen parecer tiritando.

Poca energía vital. Suelen aparecer con el paso del tiempo. Puede ser por infecciones, lesiones en los brazos. Las adicciones lo presentan. Emociones que no se pueden manejar. Miedos, intranquilidades. Frío, cansancio. Debilidad corporal.

Roturas

Escritura

Se da un corte o ruptura del trazo, en algún lugar de su recorrido.

Dibujo

Se interrumpe la línea del dibujo en alguna parte

Problemas de salud. Rasgo nervioso. Puede haber un problema cardíaco o respiratorio. Ansiedad. Angustia. Falta de concreción de metas.

Retoques

Escritura

Se corrige la letra después de haberla trazado.

Dibujo

Se intenta corregir una zona de los dibujos o la totalidad del mismo.

Significación psicológica

Inseguridad. Dudas permanentes. Falta de seguridad en sí mismo. Nunca está satisfecho con lo que hace. Sensación de inferioridad. Alto nivel de exigencia, que lleva a querer un yo sin errores, lo que genera que no se hacen cosas por temor a fracasar. Se frena ante los obstáculos y lo desconocido. Depresión.

Ejemplo

ESCRITURA

Orden

La escritura tiende a ser concentrada entre letras, un tanto distanciada entre palabras y líneas. Suele ser clara. Legible.

Con márgenes izquierdo y derecho irregulares.

Con hampas, jambas y mayúsculas más cortas de lo esperado. Predomina la zona media.

Dimensión

Mediana. Baja, rebajada.

Forma

Redondeada, sencilla, simplificada, algunas tipográficas. Predominan los coligamentos en guirnalda, con algunos arcos.

Velocidad

Tiende a rápida, por los movimientos curvilíneos, sencillos y simplificados. Muchas letras no tienen su forma completa.

Dirección

Ascendente

Inclinación

Moderadamente inclinada

Presión

Tendencia a tensión media, con algunos palotes flojos. Profundidad mediana. Peso nutrido. Relieve mediano

Continuidad

Ligada. Con cierta irregularidad

CASA

Espacio gráfico

Ocupa zona superior izquierda.

Orden

Dibujo claro. Proporcionado entre las partes.

Dimensión

Pequeño

Forma

Rectas y curvas. Con agregados

Velocidad

Tiende a rápido ya que se realizó de manera sencilla y con pocas líneas

Dirección

Horizontal

Presión

Floja. Débil

Continuidad

Trazos desligados

ÁRBOL

Espacio gráfico

Ocupa zona superior izquierda.

Orden

Dibujo claro. Desproporcionado entre las partes.

Dimensión

Pequeño

Forma

Rectas y curvas. Faltan partes (ej: ramas)

Velocidad

Tiende a rápido ya que se realizó de manera sencilla y con pocas líneas

Dirección

Horizontal

Inclinación

Tendencia a la izquierda

Presión

Floja. Débil

Continuidad

Trazos desligados

FIGURA HUMANA

Espacio gráfico

Ocupa zona superior y media izquierda.

Orden

Dibujo claro. Proporcionado entre las partes.

Dimensión

Mediano

Forma

Rectas y curvas.

Velocidad

Tiende a rápido ya que se realizó de manera sencilla y con pocas líneas

Dirección

Horizontal

Inclinación

Tiende a mirar hacia la izquierda

Presión

Floja. Débil. Tipo artístico

Continuidad

Trazos desligados

Hay aspectos que se mantienen en todas las técnicas realizadas, la organización, los movimientos con los que se construyen las formas, la velocidad, la dirección, la presión, continuidad. La zona de ocupación espacial en los dibujos.

Difiere un tanto de tamaño, pequeño los dibujos de casa, árbol. Mediano el escrito y la figura humana.

Se puede decir que los rasgos gráficos, dan cuenta de una persona con estas características predominantes:

Activa mentalmente, rápida para decidir, con velocidad de reacción y de buscar salidas a las situaciones de vida. Con capacidad de organización y claridad en sus ideas para distinguir lo que desea de lo que no es de su interés.

Puede analizar, distinguir, discriminar de manera reflexiva las partes para llegar a conclusiones. Consigue tener concentración cuando las cosas son de su interés y volcar la atención durante un tiempo.

Es un tanto ansiosa, quiere resultados inmediatos sin dar los tiempos que las cosas necesitan. La incertidumbre que suele generarse en ella, la lleva a dudar sobre lo planeado, llegando a invadirla sensaciones de indecisión que suelen frenarla.

Suele padecer inseguridad y su autoestima decae en esas situaciones. Baja su energía, se siente insatisfecha y cae en situaciones de estrés con cierta facilidad.

Es predominantemente afectiva, se mueve por sus sentimientos y las decisiones tienen que ver con lo que ellos reflejan.

Socialmente es una persona con buena capacidad de adaptación, a pautas de funcionamiento. Cordial, amable, con buena capacidad de llegar al otro. Es de ser extrovertida, con facilidad para establecer vínculos. Empática para ponerse en el lugar del otro y entender lo que a los demás les sucede.

Test de Wartegg

Protocolo de administración

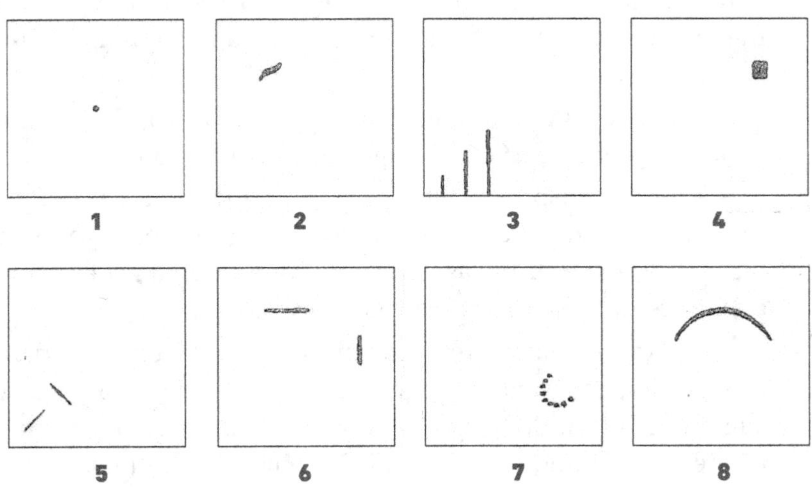

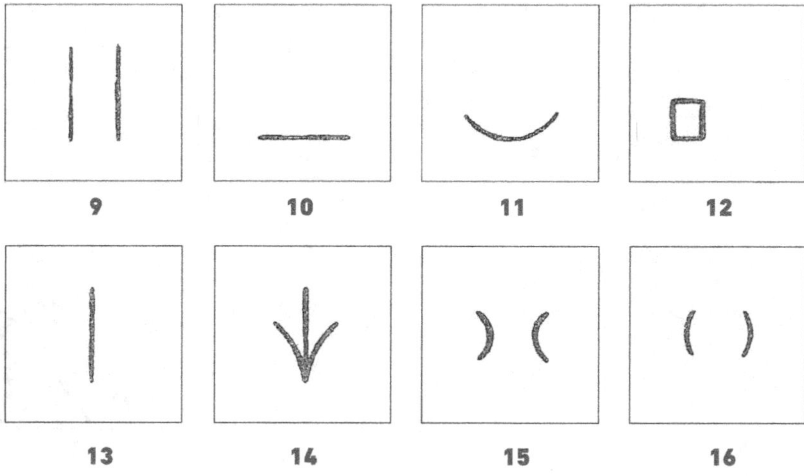

Antecedentes

Conceptualizado en la década de 1930 por Erigh Wartegg (1897 - 1983), que fue un psicólogo Alemán.

Tomo ideas de Sander, quien presentaba figuras sin mucha coherencia en una hoja y proponía organizarlas en un todo. Completar y combinar elementos eran principios que tomaba la escuela de la Gestalt.

Tiene en cuenta ideas de Vidor, quien proponía terminar una melodía inconclusa. Obrick sugería la terminación de un cuento.

Wartegg se inspira en ellos para crear una técnica, en la que se tuviera que completar un estímulo e integrarlo en u todo organizado. Luego estudia las emociones que el tema generaba y los explica según sus características diferenciales.

El examinado interpreta los temas, influido por sus experiencias de vida, su estado anímico y se deja llevar por lo que ello le sugiere. El estímulo despierta imágenes diferentes en el inconsciente de cada uno y se responde de acuerdo a las mismas.

El explorado revela su mundo interno, respondiendo al estímulo con sus medios, dando con su dibujo una respuesta a lo movilizado por la persuasión.

Wartegg crea el test con ocho cuadros originales y Pedro Dalfonso, le agrega ocho cuadros más, llevando la prueba a 16 cuadros, que son los que se llegaron a estandarizar. También realiza un trabajo para llevarlo a 32 cuadros, pero no lo terminó de nivelar.

Administración

Material

~ Una planilla de 16 cuadros de 4cm cada una

~ Lápiz N° 2, se pueden dar lápices de colores. Otra forma es dar biromes de diferentes colores y analizar el dibujo, junto al simbolismo del color.

~ Preferentemente no utilizar goma (aunque no se lo prohíbe).

~ No se puede usar regla, ni compás

~ Existe una tablilla para medición

Consigna

"En cada cuadro se encontrará con un dibujo incompleto, acábelo de la manera que se le ocurra, con el dibujo que le salga espontáneamente".

No es obligatorio que siga el orden de 1 a 16. Puede comenzar por donde quiera y continuar por el cuadro que desee.

Es importante que al finalizar, anote que dibujó en cada cuadro y el orden en el que fueron realizados (ya que se tiene en cuenta en el momento de la evaluación). Puede indicar también, cuáles fueron los temas que más le gustaron y cuales los que más le desagradaron y por qué.

Interpretación

Cada tema planteado por el test, genera una tensión que se debe equilibrar. De acuerdo a la conducta del examinado con cada estímulo, se puede prever la actuación de la persona en situaciones similares a las que el tema despierta. Las respuestas de los examinados, dejan traslucir sus características personales. Dice Dalfonso en el lenguaje del dibujo: "El contenido de las respuestas gráficas, procede de una elaboración inconsciente, fruto de tensiones, ansiedades y preocupaciones experimentadas por el sujeto, que se hacen presentes en el acto de dibujar".

Cada uno expone su personalidad en las conductas que manifiesta, ante las situaciones que debe enfrentar. El dibujo es un medio para que las ponga en juego.

Examinar los 16 cuadros en su totalidad desde el punto de vista grafológico
(espacio gráfico, orden, dimensión, forma, velocidad, inclinación, presión, continuidad)

Espacio gráfico

Es tener en cuenta cual es la parte del cuadro que el sujeto elige, para realizar el dibujo.

Recurrimos para ello al simbolismo espacial que Pulver llevara al campo grafológico

Zona Superior:

Intelectual – Super Yo- Deseo de destacarse. Anhelos espirituales. Actividad mental, imaginación

Zona Media:

Vida afectiva. El yo. Zona del presente.

Zona Inferior

Zona biológica, se expresa el ello. La vida pulsional. Predominio por lo material. Domina lo corporal.

Zona izquierda

Zona que representa el origen, el pasado. Lo tradicional. Simbólicamente zona materna. Preocupación por sí mismo, difícil adaptación, Introversión.

Zona Central

Lo concreto, el presente y la realidad inmediata.

Zona derecha

Simbólicamente zona paterna, haber logrado el desprendimiento materno y salir al mundo, a los otros. Preocupado por el futuro. Deseo de salir y producir cosas.

Zona Superior Izquierda

Intelectual – Super Yo- limitación – represión – madre a nivel intelectual – pensamientos contenidos – dependencia de las tradiciones familiares.

Zona Superior Centro

Intelectual – Super Yo - comprensión intelectual – actitud soñadora – ideales concretos – pensamientos ecuánimes – imaginación realista.

Zona Superior Derecha

Intelectual – Super Yo – Futuro, audacia – dispuesto, ambicioso – busca lo nuevo – proyectos – extraversión – exaltación –

Zona Media Izquierda

Yo – Pasado- retroceso - dificultad para desprenderse y crecer – retraimiento – Le cuesta vincularse socialmente.

Zona Media Centro

Yo – Presente, predomina lo consciente – afectiva – seguridad – aprovecha la energía– actividad normal.

Zona Media Derecha

Cálida – Yo – Futuro. Actividad intensa – realidad inmediata – sociabilidad – atrevimiento – fuerza, decisión.

Zona Inferior Izquierda

Biológica – Ello – Pasado. Busca Privilegios – madre sobreprotectora – infantil, inmaduro – subsistencia – nostalgia.

Zona Inferior Centro

Biológica – Ello . Pulsiones de conservación – sexualidad – materialista – necesidades somáticas – actividad física.

Zona Inferior Derecha

Biológica – Ello. Dominación – sensualidad – depresión – insatisfecho – búsqueda de apoyo- regresión.

Ejemplo ocupa zona media central e inferior

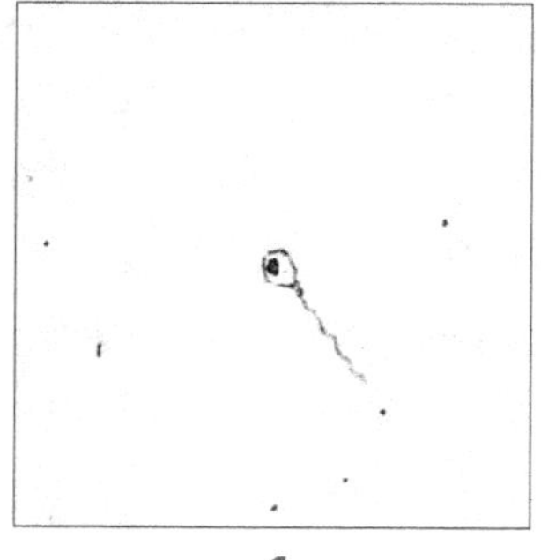

1

Ejemplo ocupación del espacio disponible

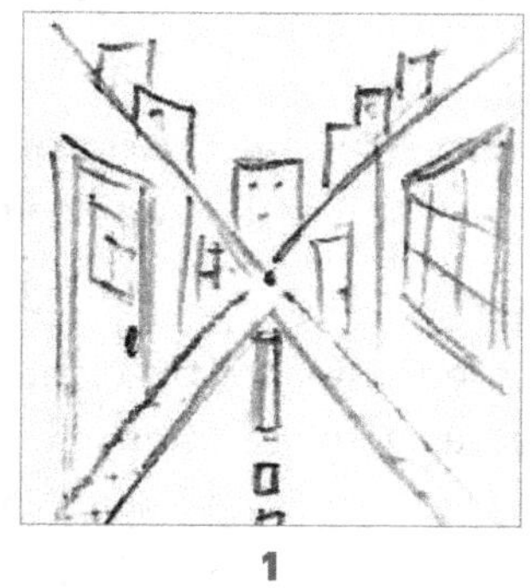

1

Claridad

Exactitud, transparencia, demarcación, transparencia e integridad de las líneas que presentan los dibujos de cada cuadro.

Son claros los dibujos que cubren debidamente las zonas, no las exceden y las colman hasta el borde.

Las líneas no deben enmarañarse y el dibujo central debe erigirse destacado. Los espacios en blanco, deben dar lugar a que se destaque la figura.

Los dibujos pierden claridad, cuando las líneas se enmarañan y no cubren el cuadro de manera equilibrada.

Significación psicológica:

Claridad mental, ecuanimidad, técnica, capacidad de organización y de planeamiento, Aptitudes para afrontar y solucionar dificultades.

Ejemplo dibujo claro

3

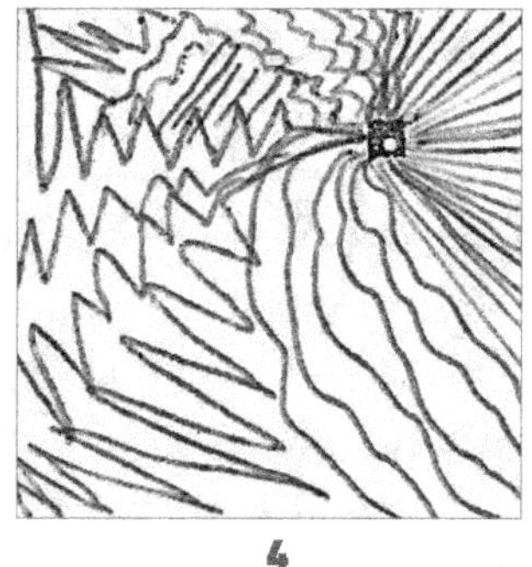

Dimensión

Corpulencia de los dibujos de cada cuadro. La dimensión tiene que ver con el alto y el ancho de los dibujos.

Significación psicológica

Los cuadros presentan una dimensión que restringen la posibilidad de acción, el sujeto debe adaptarse a los límites que imponen.

El tamaño esperable es ocupar entre un 50 y 60% del cuadro.

Pequeño

El dibujo ocupa menos de la mitad del cuadro.

Significación psicológica

Observación – ecuanimidad – capacidad analítica - autocontrol – reflexión – prudencia- paciencia – autoestima baja.

Grande

Él dibujo invade más de la mitad del cuadro.

Significación psicológica

Fantasía – autoestima- confianza - expansión – fuerza vital - fortaleza.

Cuando el dibujo incluye agregados, son tenidos en cuenta como parte del todo.

Ejemplo dibujo pequeño

2

Ejemplo dibujo grande

2

Forma

Ejecución

Todo lo que se dibuja o se escribe ésta construido por cuatro elementos, la curva, la recta, el ángulo y el punto.

El punto

Impresiona por su inmensidad, vaguedad, incertidumbre, duda, inseguridad, desconcierto. Es un símbolo del yo.

Significación psicológica

Dificultad de encontrar salidas a los problemas. Suele reflejar irresolución. Signo de inseguridad y pone en cuestión el camino elegido. Cuando proliferan los puntos en los dibujos, suele ser un pedido de ayuda, es reflejo de la necesidad de apoyo.

Un punto al final de una firma o dibujo, puede tener que ver con querer tener la última palabra.

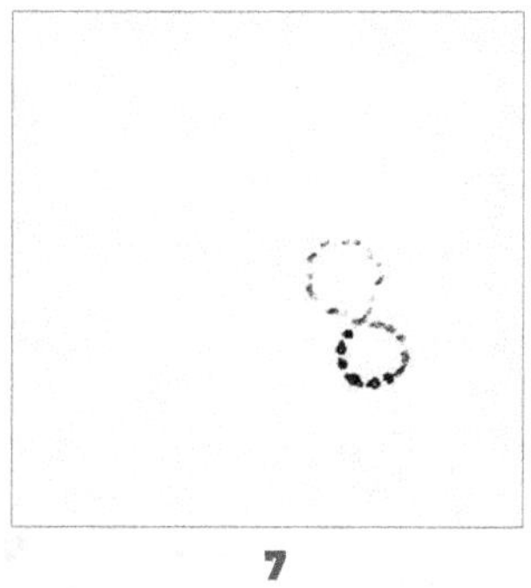

7

La recta

Da imagen de solidez, seguridad, audacia, decisión, celeridad.

Significación psicológica

Predominio de lo mental sobre lo emocional – analítico – pensante– reflexivo- capacidad de síntesis- seguro de sus actos – decidido.

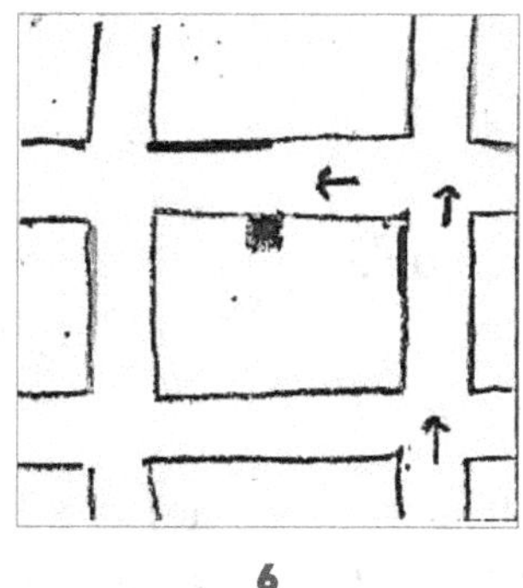

6

El ángulo

Son dos fuerzas que chocan en un punto. Da sensación de oposición, contrariedad, dureza, intransigencia, tirantez, rigidez.

Voluntad, fuerza vital. Dureza en las reacciones. Reflexión. Poco emotivo. Predominio de lo mental sobre lo emocional. Seguridad en sus ideas. No hay conciliación posible, suele ir al choque cuando lo contradicen. Le cuesta frenar el impulso cuando de atacar se trata. No es de adaptarse fácilmente. No es comprensivo en relación al otro. Asociabilidad. Tendencia a la introversión.

5

La curva

Los trazos se suavizan. Da impresión de sensibilidad, flexibilidad. Son de buena adaptación a lo social. Capacidad de comunicación. Empatía

Afectividad – comprensión – conciliación – compasión – agudeza – cortesía. Si se hace una curva donde debería ir una recta, se está puliendo la tirantez. Predominio de lo emocional sobre lo mental. El otro adquiere una gran importancia. Deseo de ser estimado y querido.

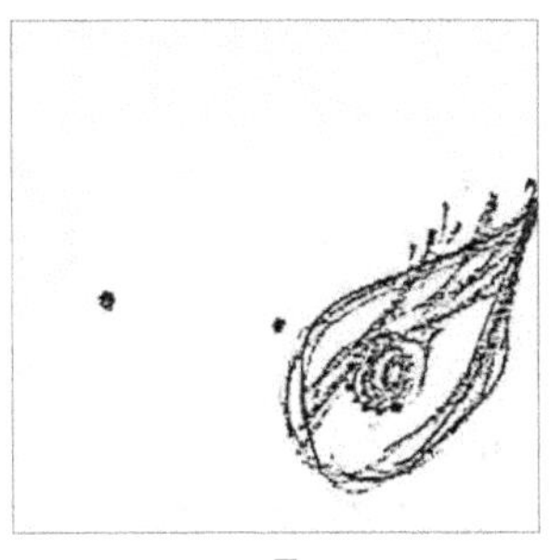

7

En los diferentes dibujos se van a dar diferentes estilos, no todos serán construidos con los mismos elementos. Lo que se debe tener en cuenta es la predominancia de los elementos utilizados, así como ver que líneas elige para cada cuadro. Luego se analizará cuadro por cuadro, para entender porque eligió esa pauta para ese cuadro.

Si la forma encontrada es de un solo tipo, se acentúan las características psicológicas correspondientes al mismo. Los diferentes arquetipos elegidos tienden a compensarse al combinarse.

Dice Dalfonso: "Las significaciones del arquetipo serán diferentes según el lugar que ocupe en el cuadro, en relación con el espacio que lo rodea y limita. El arquetipo posee, pues, sentidos diferentes según su situación en las diversas zonas horizontales o en las bandas verticales, en que se subdivide el espacio total del cuadro. Es importante también el tamaño del arquetipo, en relación con el espacio libre del cuadro".

En la conformación de los dibujos, se pueden dar combinaciones que hacen elementos compuestos

Las diversas combinaciones de Rectas, pueden dar las figuras siguientes:

La cruz

Recta horizontal y vertical que se cruzan. Son dos fuerzas que se oponen.

Significación psicológica

Capacidad de Síntesis – Autoconfianza– decisión- Vida mental- Preocupaciones- búsqueda de sentido- religiosidad- culpa.

Las paralelas

Son líneas verticales u horizontales que buscan un significado.

Significación psicológica

Predominio mental – claridad – objetividad – Capacidad de observación – organización y regla – tenacidad – Perseverancia – Capacidad de decidir – Autocontrol – Firmeza- Seguridad –Aseveración.

Los rayos

Parten rectas de un punto central, en direcciones variadas.

Significación psicológica

Dispersión - Imaginación – Subjetividad – Desorganización – Voluntad – Dificultad de decisión – Expansión. Cuando debe buscar salidas a los problemas, se le presentan múltiples variantes y le cuesta optar por una.

El cuadrado o el rectángulo

Compuesto por cuatro lados, caracterizados por ser rectas verticales y horizontales.

Significación psicológica

Claridad mental – objetividad – Concreto- organización y método – Busca el orden y equilibrio- Predominio mental sobre emocional- Capacidad de llegar a síntesis – tesón – autocontrol – poca expansión, encierro – sensatez – paciencia- Frío de sentimientos-

Cuadrícula

Líneas entrelazadas verticales y horizontales.

Significación psicológica

Confusión – Le cuesta hacer síntesis – baja autoestima – Le cuesta tomar decisiones – falta de empuje. La frenan las dudas. Excesivo análisis que no le permite pasar a la acción.

Rectas horizontales

Tendencia al predominio de líneas de radios tendidos

Significación psicológica

Predominio mental – Capacidad de estudio y análisis – Capacidad de observación – organización, planificación- Tiene reglas a seguir – perseverancia – autocontrol – se toma su tiempo para decidir y actuar.

Líneas verticales u inclinadas

Se da con la verticalidad a 90° de las líneas.

Significación psicológica

Capacidad de análisis – Constancia – Tenacidad- Rigidez- Super yo severo. Le cuesta salir de su idea y dar lugar a otras posibilidades.

La flecha

Recta y ángulo que termina en flecha.

Significación psicológica

Fuerza, decisión, emprendimiento. Voluntad. Iniciativa. Falta control sobre los impulsos. Agresividad que se canaliza hacia los demás (a la derecha), sobre sí mismo o cercanos (izquierda).

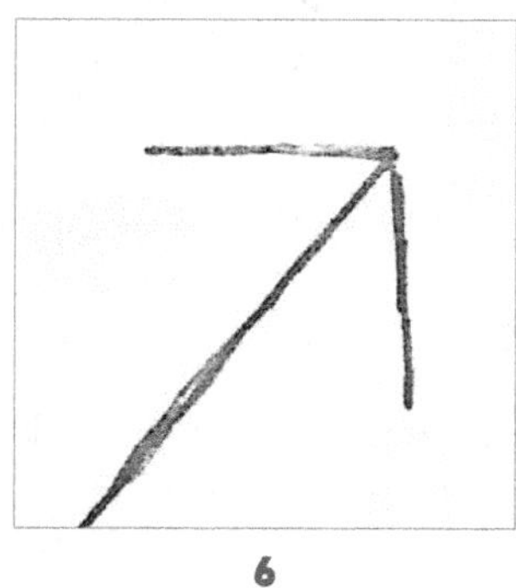

6

Las diversas combinaciones de Curvas pueden dar las figuras siguientes:

Línea ondulada

Movimientos flexibles, serpenteantes.

Significación psicológica

Afectividad – ternura – falta de energía – conciliación – generosidad penetración – cordialidad.

Guirnalda

Movimientos curvos abiertos hacia arriba.

Significación psicológica

Sentimentalismo – sentimiento – acomodación – nobleza – indulgencia – penetración – diversión – entereza – sociabilidad.

Arcos

Movimientos curvos con cierre arriba y abiertos hacia abajo.

Significación psicológica

Emotividad – inseguridad – afinidad – falta de altruismo – falta de expansión – Poca sociabilidad.

Redondez

Una curva cerrada sobre sí misma, que forma algo ovalado en forma de pelota de futbol.

Significación psicológica

Emotividad – autoestima baja– sensibilidad – falta de agilidad – Poca iniciativa – falta de crecimiento – prudencia. Narcisismo.

Espiral

Movimiento envolvente y continuo desde o hacia el centro.

Significación psicológica

Actitud egoísta. Falta de decisión, poca sociabilidad, introversión, egocentrismo. La que sale hacia afuera es de mejor pronóstico.

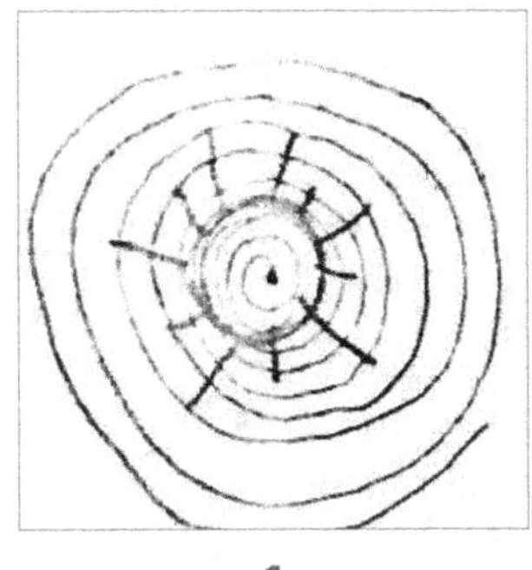

1

Presión

Se considera presionado un escrito, que experimenta profundidad en su trazo. La fuerza con que la mano lleva el lápiz es importante.

Fuerte

Marca con energía un cauce que deja una huella sobre el papel.

Significación psicológica

Seguridad, tenacidad, decisión, autocontrol, expansión, envión vital, brío, energía, dificultad de adaptación, le gusta imponer su criterio y ejercer control sobre los demás.

Débil

El trazo no deja huella o surco en el papel. Apenas se desplaza sobre su superficie.

Significación psicológica

Conciliación, generosidad, cordialidad, Poca expansión, falta energía vital, decisión y empuje. Influenciable. Le cuesta enfrentar los obstáculos. Falta de definición sobre las cuestiones. Inseguridad

Mediana

Energía vital dentro de términos normales. Capacidad para hacer y llevar adelante proyectos, poniendo la vitalidad necesaria.

Continuidad

Ligado

Trazos unidos en los puntos de unión del dibujo.

Significación psicológica

Tendencia al pensamiento y la acción a marchar en pos del objetivo deseado. Constancia y Perseverancia. Capacidad de pensar con una cierta lógica.

Desligado

Cuando se producen cortes en las partes, donde deben estar unidos. Si están realizados en un solo trazo o en varios.

Significación psicológica:

Capta mejor por intuición. Falta constancia y perseverancia. Comienza cosas y tiende a abandonarlas. Le cuesta poner una mira y no perderla de vista. Inconstante.

Inclinación

Determinar la zona hacia donde mira o se dirige el dibujo.

Vertical o Recta

Predominio de lo intelectual.

Derecha

Sociabilidad, necesidad de acercamiento al otro.

Izquierda

Se aleja del contacto social, a la defensiva.

Análisis del simbolismo de cada uno de los cuadros desde lo grafológico y psicológicio

Aplicación de los Arquetipos al estudio del comportamiento

Los arquetipos de cada cuadro generan que el examinado, tenga que resolver los problemas que se le proponen, con las herramientas que tiene de acuerdo a su personalidad

Cada tema presentado, así como la zona espacial donde están emplazados, hace que la persona le dé una consideración especial.

El dibujo realizado, es una proyección de la personalidad del dibujante en el papel.

- **Cuadro 1**

(Se relaciona con Orden, Margen derecho, Forma, Presión, Firma)

Tema

Un punto

Simbolismo

Como enfrenta y resuelve los problemas.

La primera lámina, el primer dibujo de todo test, muestra la forma con la que se maneja el sujeto frente a lo ignorado; con cuales recursos enfrenta los problemas de la vida.

Al ver el punto las respuestas pueden ser de dos tipos principales:

✓ *No toca el punto*

Duda cuando tiene un problema, inseguridad en el momento de enfrentar los problemas. Les cuesta tomar decisiones. Indecisión

Si al punto se lo encierra con curvas: le cuesta tomar resoluciones porque lo emocional está interfiriendo sus decisiones

Cuánto más círculos: menos posibilidades de salida.

Si lo encierra con rectas: analiza demasiado antes de resolver un problema. Necesita ordenarse y organizarse.

1

Ej: no toca el punto y lo encierra con curvas

✓ Toca el punto

Capacidad de decisión y de resolver los problemas.

Algunas posibilidades:

Lo toca con líneas rectas: soluciona el problema desde lo mental. El afecto no interfiere en sus decisiones

El punto es usado como punta: tensión, puede salir de los inconvenientes con agresión. Duro con los demás.

Lo toca con líneas curva: la forma de resolver los problemas es recurriendo a las emociones. Predomina la sensibilidad en las decisiones, por sobre lo mental

Dibuja en Espiral: no encuentra la forma de resolver los problemas. Es de mejor pronóstico que sea centrífugo (hacia afuera) y no centrípeto (hacia adentro)

1

Ej: toca el punto y hace un espiral

• Cuadro 2

(Relieve, Forma, Estética, Orden)

Tema

La Línea Ondulada.

Ubicada en la parte superior izquierda de la zona media. Movimiento curvo que moviliza el área afectiva.

Simbolismo

Disposición Estética (D'Alfonso) - *Las emociones*

Debe apelar a los sentimientos para resolver el tema. Moviliza huellas espirituales por la zona espacial donde se encuentra.

La disposición estética está ligada a las emociones. La persona que se destaca en este aspecto, tiene la sensibilidad de captar las manifestaciones artísticas. Capta sonidos, colores y otros aspectos que en cualquier persona, pasarían desapercibidos.

Las respuestas más usuales son:

✓ *No tocar el estímulo*

Es evadir ponerse en contacto con la parte emocional.

Si lo repite como eco, como ondas sonoras

Siente su vida afectiva como algo rutinario. No encuentra placer en la misma.

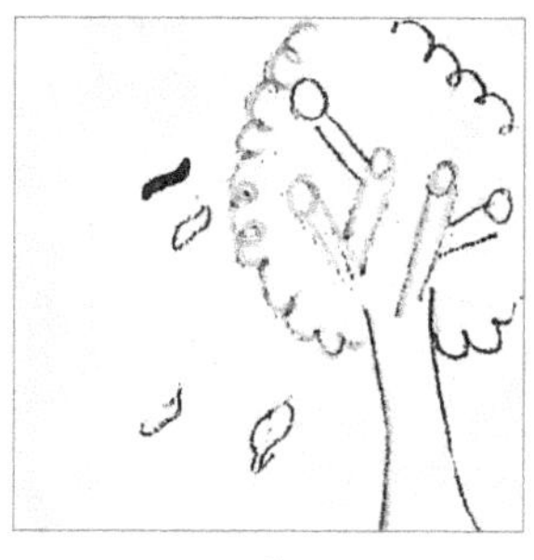

2

✓ *Tocar el estímulo*

Resolver el estímulo con curvas

Predominio de vida afectiva, con posible resonancia estética.

Resolver el estímulo con rectas

Domina lo mental sobre lo emocional, represión afectiva. Las emociones no son prioritarias a la hora de la toma de decisiones.

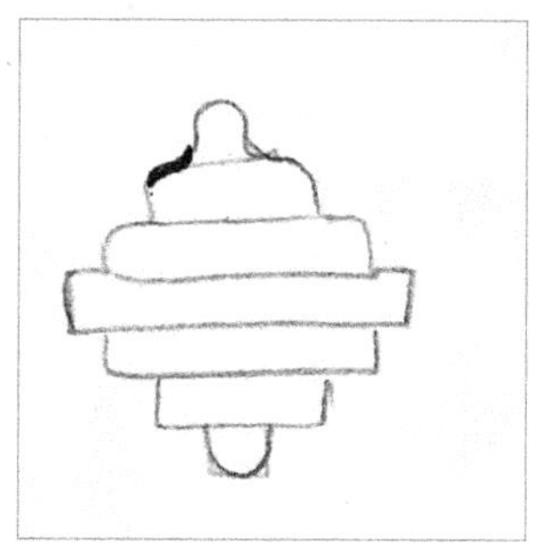

2

• Cuadro 3

(Zona superior, Hampas, Forma, Relieve, Dirección)

Tema

Tres líneas similares de diferentes tamaños

Son rectas paralelas en escalera. El estímulo lleva a dibujar hacia lo alto del cuadro.

Simbolismo

Originalidad (D'Alfonso), *Ambición* (Otros)

Poder resolver el problema que presenta el cuadro, hablan de la posibilidad de creación y transformación. La elevación que tenga el dibujo, muestra el nivel de ambiciones que presenta y la calidad del dibujo, las potencialidades con que cuenta para lograrlas.

Respuestas usuales:

✓ *No tocar el estímulo*

Poco compromiso con el deseo de progresar. Puede querer crecer, pero no poner la energía necesaria para lograrlo.

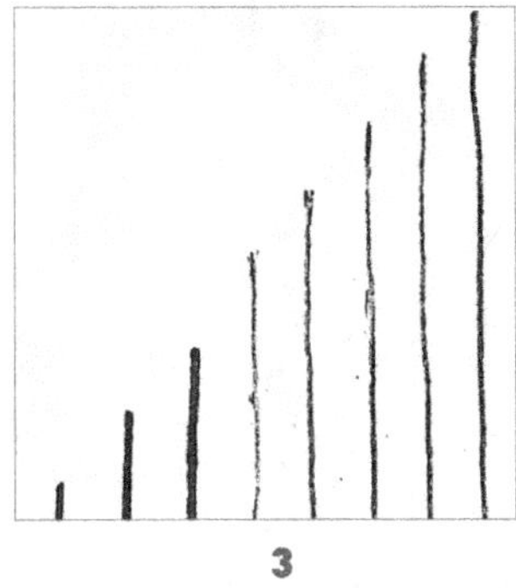

3

✓ *Tocar el estímulo*

Si el dibujo no va hacia lo alto

Predomina lo rutinario de su conducta, sus ambiciones son fundamentalmente materiales.

Si va hacia lo alto

Hay ambición de progreso. Deseo de generar cosas y lograr metas. Cuanto mayor es la altura, más son las ambiciones que presenta.

Si tiende a repetir el estímulo:

Hay falta de originalidad y creatividad para cambiar su realidad.

Tratar de cambiar el motivo inicial

Habla de una mayor capacidad creativa. Deseo de buscar salidas originales a las situaciones que debe enfrentar. Iniciativa, buen pronóstico.

Intentar hacer escaleras a partir del estímulo

Es un deseo de avanzar y superarse, pero sin la potencialidad suficiente para lograrlo. Es esquemático y un tanto rígido para correrse de lo establecido.

3

• Cuadro 4

(Margen derecho, Dimensión, Presión, "r", barra de"t")

Tema

Cuadrado Negro

Es un estímulo que da hacia la pasividad, por lo sombreado. Ubicado en la zona de futuro y espiritual.

Simbolismo

Actividad (D'Alfonso), *Agresividad* (Otros)

Da la sensación de un obstáculo, que hay que superar. Agregar movimiento a ese estímulo pasivo, habla bien del dibujante. El activo busca superarla, el pasivo sucumbe ante su pesadez. Es un buen índice de como supera los obstáculos, cual es el método empleado.

Las respuestas más vistas:

✓ *No tocar el estímulo*

Propagación o recreación del tema

Se tiende a repetir el estímulo varias veces. Se puede dar con cuadrados sombreados o blancos.

Sombreados

Suele dispersarse en la actividad. Le cuesta centrar su atención en un estímulo a la vez. Tiende a hacer varias cosas juntas, pero no pone toda la energía necesaria en ninguna. Baja el rendimiento. Se angustia al no poder concentrarse

Blancos

Es competitivo. Se dispersa, pero no llega a sentir la angustia que lo pueda paralizar.

Encuadramiento del tema

Rodea el estímulo, pero sin tocarlo.

Con rectas:

Le cuesta pasar a la acción, por pensar demasiado antes de actuar.

Con ángulos:

Gasta mucha energía en conflictos, en discutir u oponerse, por ello produce menos.

Con curvas:

Las cuestiones emocionales, no lo dejan concentrarse bien en su actividad.

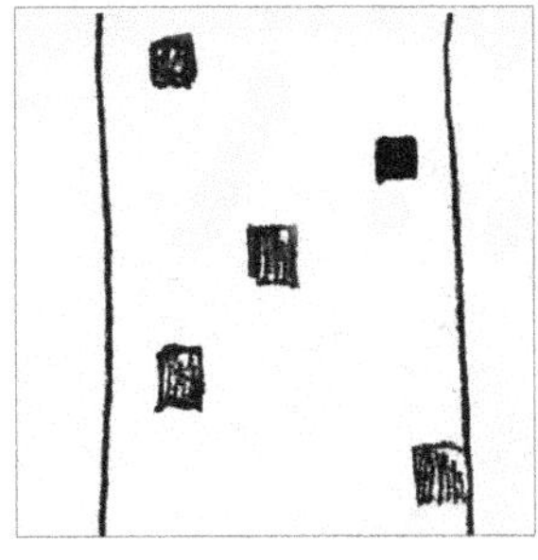

4

Ampliar el tema

Necesidad de hacer más cosas, de ser más productivo.

Realizar figuras con movimiento

Sería la salida más positiva, son personas activas, que buscan generar cosas y ser más productivos.

Realizar figuras pasivas

Deseo de cambio, pero carece de la fuerza y energía necesarias para llevarlo adelante. Espera que las cosas se den, en vez de generarlas.

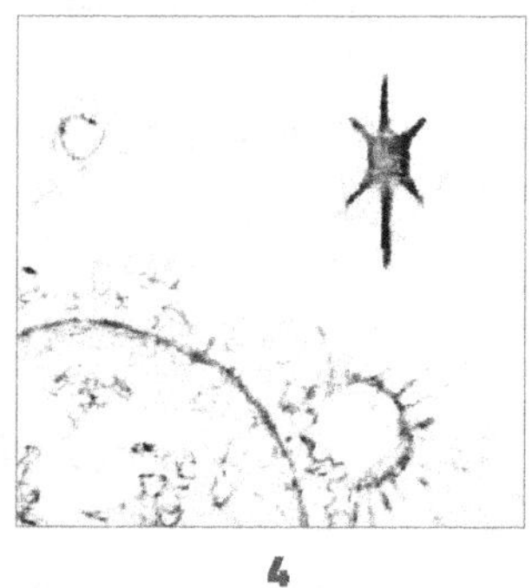

4

• Cuadro 5

(Barra de la "t", Presión, Dimensión, Cohesión)

Tema

Dos rayas contrapuestas

Simbolismo

Energía vital, voluntad.

Lleva a la persona a tener que superar la limitación.

Algunos resultados posibles:

La línea oblicua no supera el obstáculo

Persona indecisa en el momento de tomar decisiones y superar inconvenientes. Responde con pasividad.

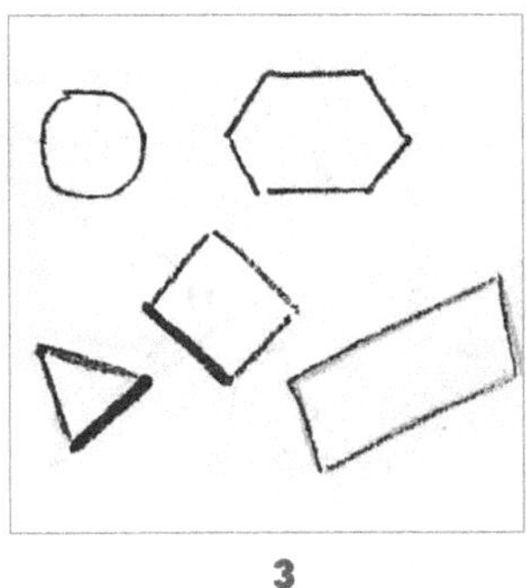

3

✓ *Las rectas se adhieren primaria o secundariamente*
Hay dos posibilidades:

Cuando unen en el centro

Incertidumbre que dificulta la concreción de lo resuelto.

Cuando se unen secundariamente por los dos lados

Existe un freno a la voluntad, que depende de lo dibujado cual es el tipo de interferencia:

Curvas, revelan una obstrucción afectiva

Rectas, el freno se da por exceso de análisis.

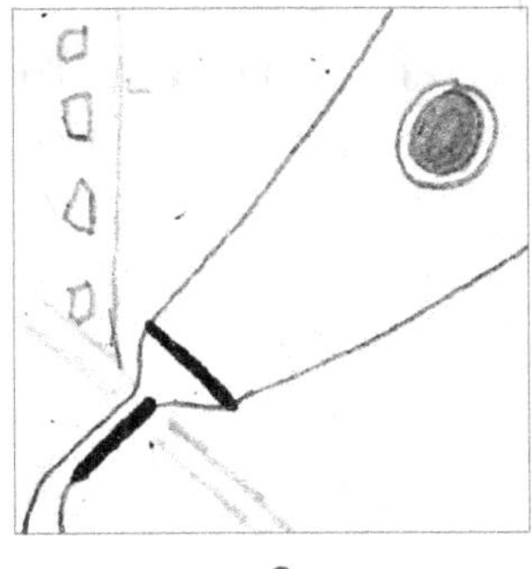

3

✓ *Las rectas se cruzan*

Es lo esperado, ya que cruzarlas es ir en búsqueda de los objetivos y cruzar las barreras que se pongan delante. Hay decisión en la acción y fuerza de voluntad. Se podría relacionar con la letra "t", donde la barra es esperable que atraviese el hampa, para ir a la acción.

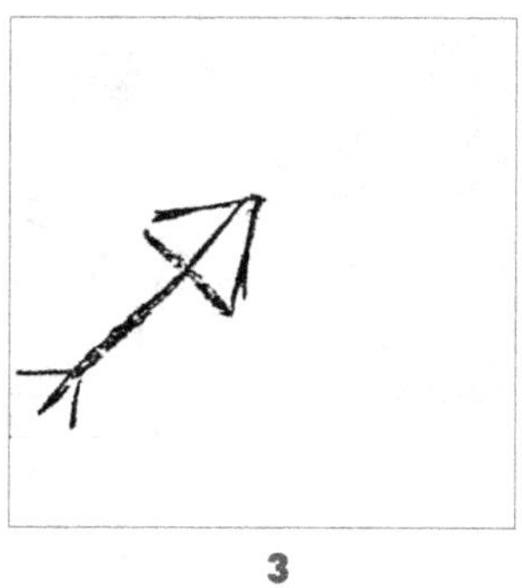

3

• Cuadro 6

(Cohesión, Zona superior, Orden)

Tema

Dos rectas, horizontal y vertical

Una está ubicada en zona media y superior y otra en zona derecha y central.

Simbolismo

Conexión de ideas (razonamiento lógico)

La posibilidad de unir las dos rectas en un solo motivo, muestra la capacidad de la persona para relacionar ideas.

Dos posibilidades:

✓ *Las líneas se ensamblan en un solo motivo*

La persona cuenta con capacidad para conectar ideas, usa la lógica para la solución de problemas.

6

✓ *Líneas aisladas en motivos disímiles*

Cuando hay una vinculación entre los diseños: son personas que se manejan por intuición

Cuando no existe relación entre los dibujos: dificultades para conectar ideas

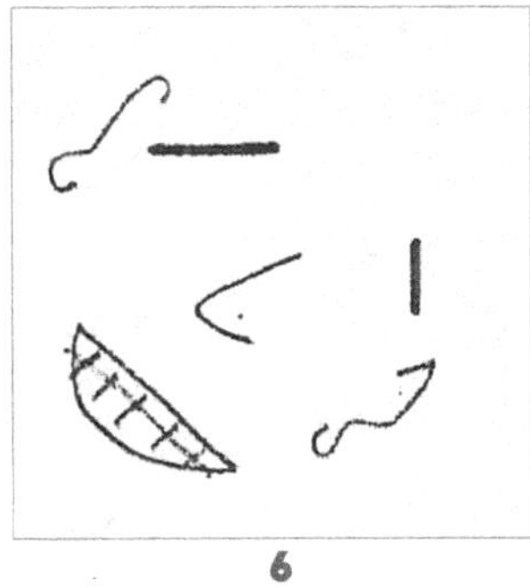

6

• Cuadro 7

(Zona media, Óvalos, Apertura, Forma, Inclinación)

Tema

Semicírculo punteado

Ubicado en zona inferior derecha. Al tratarse de un estímulo curvo, habla del nivel de madurez emocional logrado.

Simbolismo

Comportamiento afectivo (D'Alfonso)

La curva promueve la expresión del sentimiento. Superar los puntos, el nivel de madurez afectiva alcanzado.

Respuestas habituales:

✓ *No toca el tema*

Cuando el sujeto no toca el tema y lo rodea con otros motivos: revela una reacción infantil y por tanto su falta de madurez afectiva.

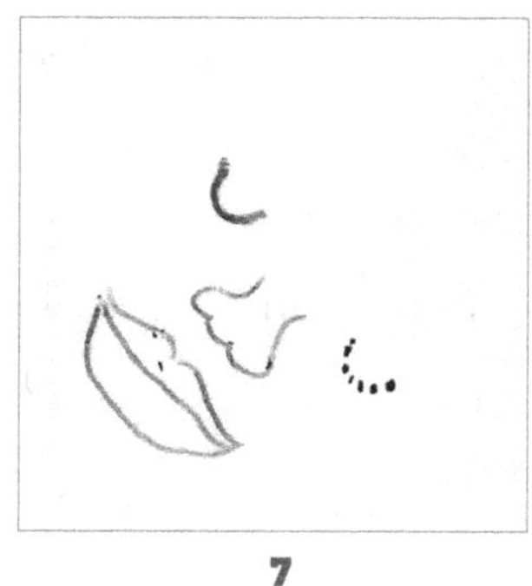

7

✓ *Prolonga repitiendo los puntos*

Aún no logró la madurez afectiva esperada. Inmadurez emocional. Responde con conductas que se suponen superadas.

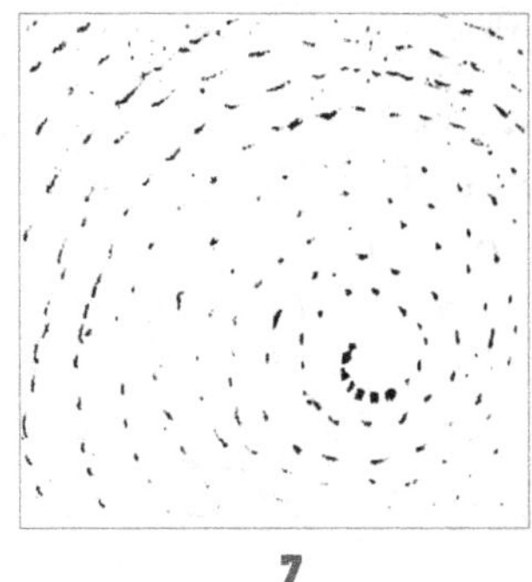

7

✓ *Une los puntos con una línea o con círculo*

Camino de maduración emocional. Es independiente para actuar, está satisfecho de su vida emocional.

7

• Cuadro 8

(Coligamentos, Inclinación, Apertura, Distribución)

Tema

Semi circunferencia abierta abajo

Ubicada en parte superior de la zona media.

Al ser movimiento curvo, habla de las posibilidades para el contacto afectivo. Al estar abierto refleja la actitud abierta o cerrada ante el mundo.

Simbolismo

Conducta Social

Respuestas observadas:

✓ *Cerrar la circunferencia*

Tendencia a la reserva, características de introversión. Estudioso de sus vinculaciones. Depende del dibujo realizado la interpretación que se dará.

8

✓ *Deja abierta la circunferencia*

Tendencia a la extroversión. Abierto al contacto social. Comunicativo. Necesidad de expansión en sus relaciones.

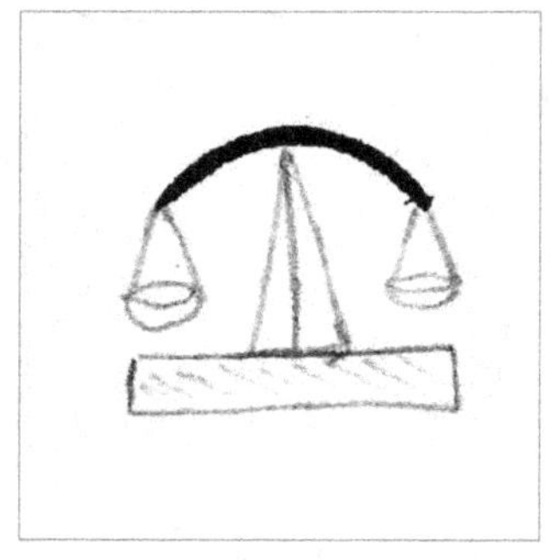

8

✓ *Hacer un dibujo por arriba del estímulo*

Se siente en un plano superior con relación a los demás. Es independiente, crítico y combativo con el otro.

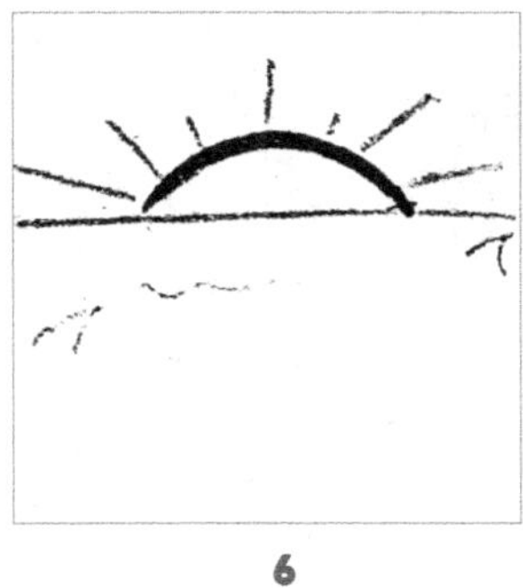

6

• Cuadro 9

(Hampas, zona superior, dirección, techo, copa, cabeza)

Tema

Dos rectas derechas paralelas

En la zona media, llegan a la zona superior e inferior.

Lo recto lleva a responder desde lo intelectual. Impresiona por la frialdad. Llevan en muchos casos a cerrar arriba o abajo

Simbolismo

Ideales. Vida mental

Cómo vive los ideales (zona superior) o lo material (zona inferior).

Las respuestas observadas son:

✓ *Las líneas se unen en un tema*

Es importante tener en cuenta a que altura se da la conexión.

Cuando están cerradas los bordes superior e inferior: busca lo preciso, va a lo concreto

Une con una recta en el medio: limita los ideales a la realidad del momento.

Varias líneas rectas horizontales y paralelas (como si fuera una escalera): búsqueda de perfección, superación, deseo de avanzar y crecer en la vida mental.

Cierra la parte superior e inferior con líneas curvas: se maneja predominantemente de manera sensible y afectiva.

Cierra con ángulos: oposicionista, combativo.

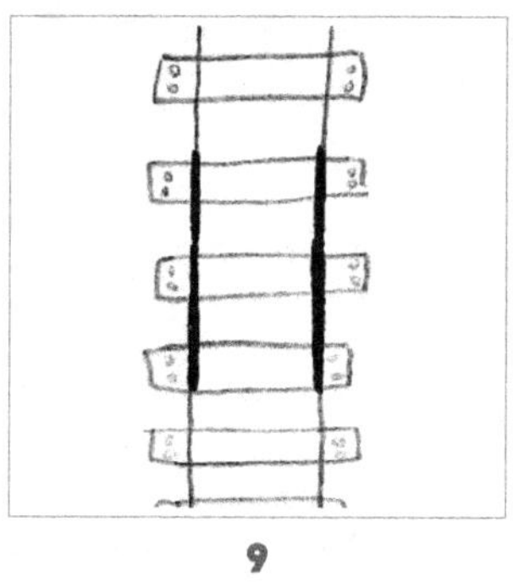

9

✓ *Las líneas quedan separadas*

Sensación de poca comprensión afectiva. Dificultades de coordinar las ideas.

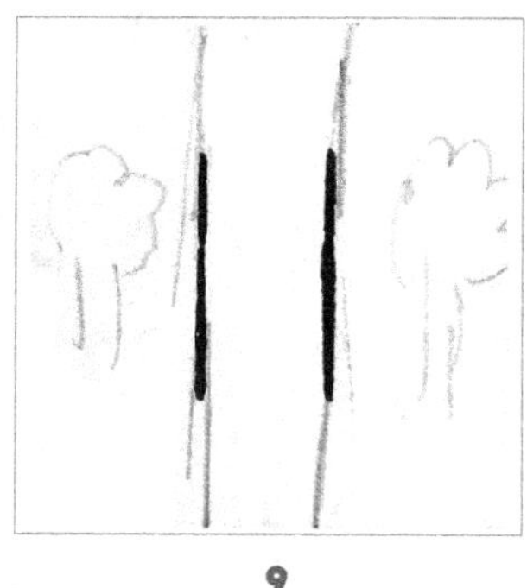

9

• ## Cuadro 10

(Zona superior, orden, forma, techo, copa, cabeza)

Tema

Recta Horizontal

Simbolismo

Objetividad

Ubicada en las zonas inferior y media. Es límite Yo y lo externo. Límite con instintos.

La línea entre zonas, revela de que forma el sujeto se relaciona con el entorno.

Respuestas observadas:

✓ *Sigue el trazado de la línea a derecha e izquierda:*

La línea sigue la dirección horizontal: actitud crítica.

✓ *Dibuja sobre la línea:*

Objetividad. Trata de analizar las cosas dejando de lado el contenido emocional de las mismas. Capacidad crítica. Más pensante a la hora de tener que decidir.

10

Presenta una visión con caracteres subjetivos al analizar las cuestiones. Sus visiones están impregnadas por el contenido afectivo que las cosas representan. Más impulsivo a la hora de actuar.

10

Depende de los dibujos realizados y de los arquetipos elegidos las interpretaciones finales.

Triángulo: lectura de las cosas limitada por su rigidez

Cuadrado: metódico observador de la realidad.

Curva: las emociones son las que priman a la hora de analizar el mundo

• Cuadro 11

(Forma, apertura, zona media, coligamentos, puertas, ventanas, camino, ramas, brazos, manos)

Tema

Curva cóncava

Situado en la zona inferior y límite con la zona media.

La curva abierta da lugar a las respuestas afectivas con el mundo externo.

Se lo debe interpretar teniendo en cuenta lo visto en el cuadro 8.

Simbolismo

Capacidad de adaptación social

Algunas respuestas observadas:

✓ *Cierra la curva:*

Cerrado en su vinculación social. Introversión. Poco comunicativo.

Cierra con curva: pedantería, presunción, engreimiento. Adaptado socialmente

Cierra con ángulo: combativo con los otros, agresivo, dificultad de adaptación.

Cierra con recta: cálculo, prudencia, dificultad de integración social

11

✓ *La línea queda abierta*

Sociabilidad. Deseos de vinculación afectiva. Abierto al contacto social.

Las interpretaciones dependen de las zonas ocupadas y de los dibujos realizados para redondear la interpretación.

11

• Cuadro 12

(Relación firma – texto, forma, coligamentos, orden, distribución, disposición, camino)

Tema

Cuadrilátero

Ubicado en zona media, inferior, izquierda. Es un estímulo rígido, que incita a dibujar por dentro o fuera del rectángulo.

Simbolismo

Adaptación al medio ambiente

El rectángulo representa lo rutinario, lo habitual, el mundo interno. El espacio blanco lo externo, la novedad, el cambio. Muestra si el sujeto logra conciliar su vida interior, con el mundo exterior.

Algunas respuestas observadas:

✓ *Dibuja dentro del rectángulo:*

Tendencia a la vida interior. De acuerdo a los dibujos realizados, se interpreta la capacidad que posee el sujeto de adaptarse o no al medio

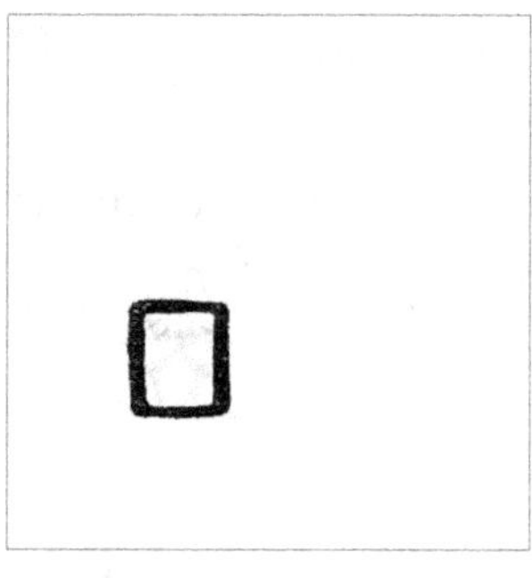

12

✓ *No dibujar en el rectángulo:*

Dificultad para conciliar mundo interno y externo

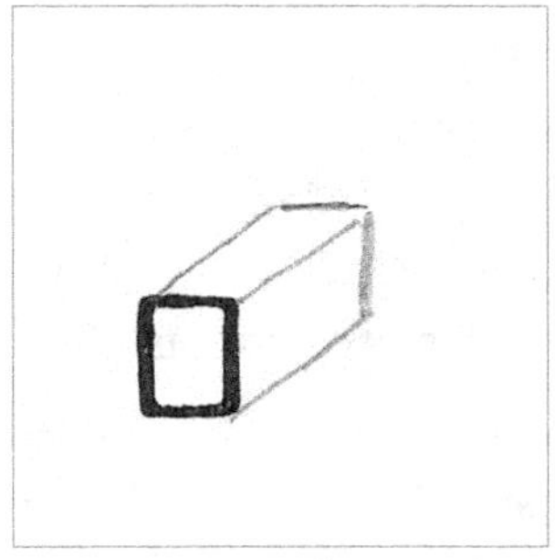

12

✓ *El rectángulo se integra a un dibujo más grande:*

Buena adaptación social. De acuerdo al dibujo realizado será la interpretación

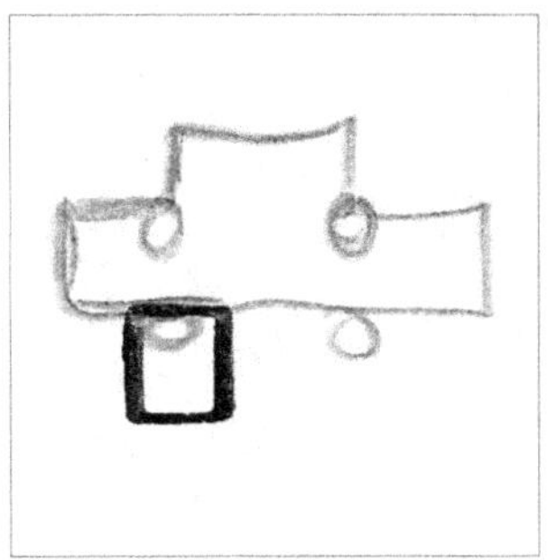

12

✓ *Más de un dibujo sin relación*

Dificultades de adaptación.

• Cuadro 13

(Orden, forma, zona superior, techo, cabeza, copa)

Tema

Recta vertical

Línea vertical en el centro del cuadro, con blancos alrededor.

La línea recta aislada está siempre en relación con la actividad mental.

Simbolismo

Vida mental, intelectual

Da las respuestas de relacionadas con el mundo mental, intelectual. Por estar en el centro da sensación de equilibrio. De acuerdo a las respuestas se ve el equilibrio mental- emocional.

Algunas respuestas observadas:

Si dibuja en la parte superior: domina lo mental, intelectual

Si dibuja en la parte inferior: va a lo concreto y práctico.

Si dibuja hacia la izquierda: cuando decide prima lo aprendido, las costumbres, le cuestan los cambios.

Si dibuja en la parte media: se basa en el aquí y ahora, para cualquier decisión.

Si dibuja en la parte derecha: toma resoluciones teniendo en cuenta al otro y a lo social. Busca el cambio y lo nuevo.

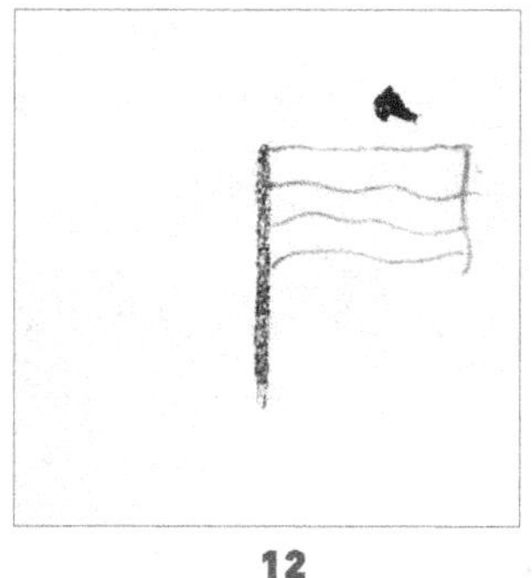

12

Si dibuja utilizando con equilibrio las diferentes zonas: puede decidir con mayor nivel de inteligencia emocional. Coordinar pensamiento con sentimiento.

13

13

• Cuadro 14

(Forma, presión, dimensión, manos, dedos, forma de la copa)

Tema

Punta con forma de flecha hacia la zona inferior

Da sensación de agresividad, amenaza.

Simbolismo

Forma de enfrentar los problemas y dificultades. Canalización de la agresión.

Símbolo del ataque y defenderse. Muestra la actitud de ataque o huida del sujeto cuando debe defenderse de los contratiempos. Lo esperable es que trate de modificar las puntas, dando una sensación de responder de forma más diplomática ante los contratiempos.

Algunas respuestas observadas:

✓ *Modifica las puntas:*

Las modificaciones pueden darse en la parte superior, en la parte media y en la parte inferior de la flecha. Modificar las puntas, habla de una tendencia a canalizar adecuadamente la agresividad que despierta el tema.

Las interpretaciones varían por el contenido simbólico de lo dibujado.

Modificar la zona inferior: autodefensa, prevención, cordura.

Modificar la zona media:

~ *curvas*: habilidad.

~ *rectas*: tiende a ir de frente. Actitud defensiva

~ *ángulos*: provocación, va a la disputa.

Modificar en zona superior:

~ *curva*: comprensivo de las ideas ajenas y tiene en cuenta lo espiritual.

~ *recta*: crítico de las ideas del otro

~ *ángulo*: oposición, ataque, agresividad.

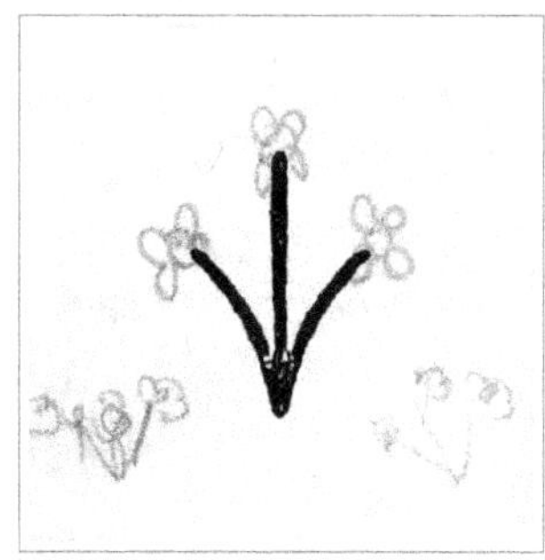

14

✓ *No modifica las puntas:*

Son personas que tienden a ir al choque y la pelea con facilidad, cuando las cosas no se dan como ellos quieren.

~ *punta inferior*: impulsivo, agresivo, va al choque rápido

~ *puntas de la zona media*: conflictos con los otros , le cuesta relacionarse emocionalmente.

~ *punta superior*: choque con las ideas del otro.

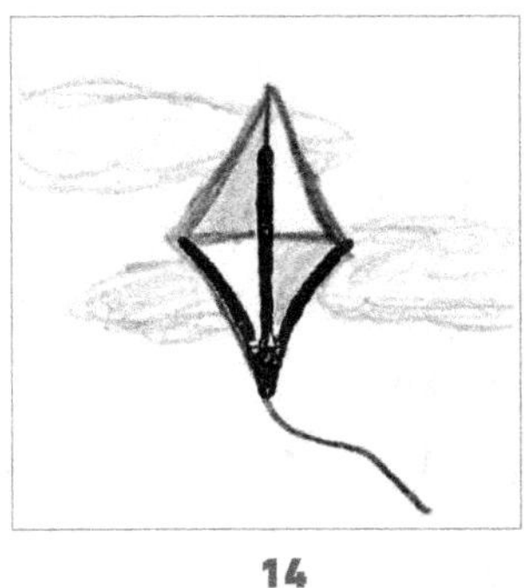

14

• Cuadro 15

(Forma, coligamentos, inclinación, zona media, óvalos, tronco, cuerpo en DFH)

Tema

Dos curvas opuestas

Las líneas curvas mueven repercusiones afectivas.

Ambiente afectivo del mundo interno y externo. Como confluyen estos dos mundos. Es positivo que los integre, caso contrario puede haber algún nivel de disociación.

Simbolismo

Ambiente afectivo (D'Alfonso) - *Mundo interno y externo* (otros)

Algunas respuestas observadas:

✓ *Unir las curvas*

Las curvas unidas en un mismo motivo, habla de integración de las emociones.

En la zona inferior: unión por coexistencia de gustos y deseos.

En la zona media: unión por combinación de sentimientos.

En la zona superior: unión por coexistencia de ideas, propósitos y ambiciones.

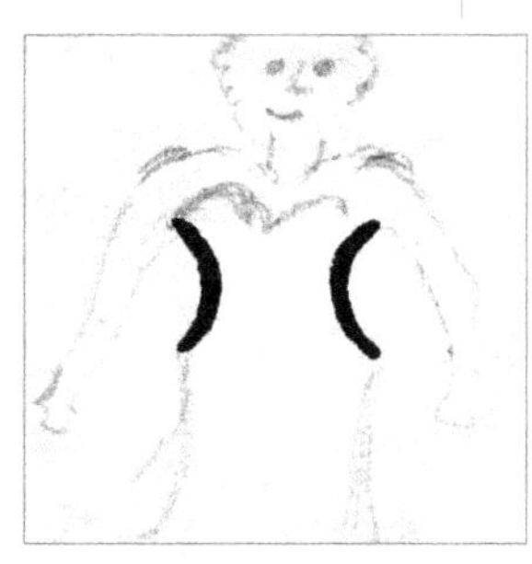

15

✓ *Separar las curvas*

Hay disociación en la vida emocional. Distancia, divergencia, inconexión.

En la zona inferior: choque por contradicción de temperamento, deseos y modos de satisfacerse.

En la zona media: frialdad afectiva, choque de sentimientos y emociones.

En la zona superior: diferencia de criterios e ideales

15

• Cuadro 16

(Distribución, forma, apertura, inclinación, puertas, copa, ojos, rasgos faciales en general)

Tema

Dos curvas convergentes

Llevan a ensamblarlas cerrando la parte superior e inferior. Como todo movimiento curvo, refleja un tema afectivo.

Simbolismo

Parte emocional, mundo interior

La parte interna del dibujo representa el mundo interno y el espacio blanco por fuera, el mundo exterior. El dibujo elegido muestra su vinculación mundo interno, mundo externo.

Algunas respuestas observadas:

✓ *Cierra el tema:*

Por la zona inferior y superior, habla de tendencia a la introversión.

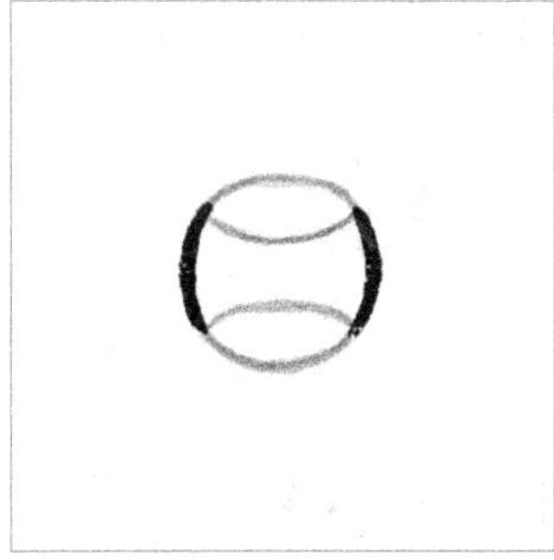

16

✓ *No cierra el tema:*

Hay mayor tendencia a la extroversión. Sociable, abierto, comunicativo.

16

✓ *Dibujar en el interior:*

Centrado en su yo. Preocupado por las cosas que le acontecen. Dificultades a la hora de salirse de sí mismo.

✓ *Dibujar por fuera del tema:*

Si no dibuja adentro del tema y queda el dibujo por fuera, se puede hablar de una persona volcada al mundo externo y con preocupaciones por los problemas de los demás, pero con poca posibilidad de meterse en su mundo interno. Si integra dibujo por fuera y por dentro, habla de poder conciliar mundo interno y externo.

También depende del simbolismo del dibujo realizado y la calidad del mismo, la interpretación.

16

Áreas de la personalidad que representa cada cuadro estudiado

Área intelectual

- **Cuadro 1:**   Habilidad para resolver problemas
- **Cuadro 3:**   Originalidad – Ambición
- **Cuadro 6:**   Capacidad para enlazar ideas
- **Cuadro 10:** Objetividad
- **Cuadro 13:** Actividad Intelectual

Área afectiva

Voluntad

~ **Cuadro 5:**   Voluntad

Afectividad

~ **Cuadro 1:**   Yo

~ **Cuadro 2:**   Disposición estética - Vida emocional – Intimidad

~ **Cuadro 4:**   Actividad – Agresividad

~ **Cuadro 7:**   Comportamiento afectivo

~ **Cuadro 14:** Actitud frente a las dificultades – Manejo de la agresividad. Integración mundo interno-externo

~ **Cuadro 15:** Ambiente afectivo - Mundo interno

~ **Cuadro 16:** Sentimientos. Integración mundo interno- externo

Área social

~ **Cuadro 8:**   Conducta Social

~ **Cuadro 11:** Capacidad de adaptación social

~ **Cuadro 12:** Adaptación al medio

~ **Cuadro 14:** Integración mundo interno-externo

~ **Cuadro 16:** Integración mundo interno-externo

Ejemplos

FLOR
1
cordurnen
2
DEDOS
3
EDIFICIO
4
MARTILLO
5
carta
6
PARAGUAS
7
PAYASO
8
ARBOL
9
SUBE Y BAJA
10
BANANA
11
cortito de casa
12
PALO DE HOCKEY
13
TULIPÁN
14
CORSET
15
cara
16

Evaluación

• Cuadro 1

Espacio Gráfico

Zona central, media, inferior: afectiva, presente, consciente, aprovecha la energía.

Orden

Dibujo claro: claridad mental, de razonamiento antes de actuar.

Dimensión

Pequeña: observación, capacidad analítica, autocontrol, reflexión, prudencia, paciencia, autoestima baja.

Forma

Curvas: afectividad, comprensión, compasión, cortesía.

Presión

Media: buena canalización de la energía

Continuidad

Trazo ligado: tendencia del pensamiento y acción a marchar en pos del objetivo deseado. Constancia y perseverancia. Capacidad de pensar con lógica.

✓ Simbolismo

Capacidad para enfrentar y resolver problemas

Al tocar el punto, habla de la capacidad de decisión y de resolver los afrontar

Su estilo es de enfrentar las cosas, teniendo en cuenta lo que sus emociones le dictan. Trata de quedar bien parado, pero de no perjudicar a los demás con sus decisiones. No le gustan los conflictos, trata de ser negociadora ante las diferencias que puedan existir.

• Cuadro 2

Espacio gráfico

Zona media, central, superior e izquierda: afectiva, yo presente. Vinculada al pasado, tradicional, introversión, dependencia materna. Sueños, ideales, imaginación.

Orden

Dibujo claro: claridad mental, organización, aptitud para afrontar y resolver dificultades.

Dimensión

Mediana: autoestima equilibrada

Forma

Curva: afectividad, comprensión, conciliación, compasión, cortesía. Deseo de ser estimado y querido.

Presión

Mediana: buena energía vital.

Continuidad

Ligada: tendencia del pensamiento y la acción a ir en pos de los objetivos. Constancia, perseverancia, pensamiento lógico.

✓ Simbolismo

Vida emocional, disposición estética

Se compromete emocionalmente. Es de generar vínculos sociales, desea sentirse protegida y contenida (tendencia a ir hacia izquierda). Las emociones son prioridad en su vida. Todo pasa por sus sentimientos, antes de pasar por su mente.

Presenta una cierta resonancia hacia lo estético, con capacidad de captar la belleza en obras artísticas o de generar lugares agradables donde habite.

• Cuadro 3

Espacio gráfico

Zona media inferior, izquierda, derecha: biológica, pulsional, material, pasado, tradición, yo presente.

Orden

Dibujo Claro: claridad mental, ecuanimidad, capacidad de organización y planeamiento, aptitudes para afrontar dificultades

Dimensión

Mediana: autoestima, confianza de niveles normales

Forma

Curvas: afectividad, comprensión, conciliación, cortesía, predominio de lo emocional sobre lo mental, deseo de ser estimado y querido.

Presión

Media: buena energía volitiva

Continuidad

Ligada: constancia, perseverancia, capacidad para pensar con lógica.

✓ Simbolismo

Originalidad, ambiciones

El estímulo es tocado, pero el dibujo no va hacia lo alto. Predomina lo rutinario en su conducta. Sus ambiciones son predominantemente materiales.

Al predominar los movimientos curvos, sus expectativas están ligadas primeramente a su vida afectiva. Posee potencialidades creativas, pero sus temores la llevan a no buscar más de lo que cree poder.

● **Cuadro 4**

Espacio gráfico

Zona superior, media, inferior, derecha: intelectual, super yo. Soñadora, ideales concretos, imaginación. Realista, cálida, sensualidad. Insatisfacción, búsqueda de apoyo.

Dimensión

Mediana: autoestima, autovaloración normal.

Forma

Rectas: predominio de mental sobre lo emocional, analítico, pensante, reflexivo, capacidad de síntesis.

Presión

Continuidad

Algunos desligados: intuición, falta de constancia y perseverancia. Comienza cosas y tiende a abandonarlas, le cuesta poner una mira y no perderla de vista.

✓ Simbolismo

Actividad, agresividad

Al repetir el estímulo varias veces y sombrearlos, habla de que suele dispersarse en la actividad. Le cuesta centrar su atención en un estímulo a la vez. Tiende a hacer varias cosas juntas, pero no pone toda la energía en ninguna. Baja su rendimiento.

Hace rectas, porque en las actividades pone menos énfasis en lo emocional, En ese campo prima lo mental. Hace de acuerdo a lo que piensa y no a lo que siente. Le cuesta pasar a la acción, piensa demasiado antes de actuar.

- **Cuadro 5**

Espacio gráfico

Zona inferior izquierda: pasado, busca privilegios, madre sobre-protectora, infantil, inmaduro, nostalgia.

Orden

Dibujo claro: claridad mental, capacidad de organización y pla-nificación, aptitudes para afrontar y solucionar dificultades.

Dimensión

Pequeña: observación, capacidad analítica, autocontrol, re-flexión,

Forma

Recta: predominio mental sobre emocional, analítico, pensan-te, reflexivo, decidido, seguro de sus actos.

Presión

Media: buena energía vital

Continuidad

Ligada: tendencia del pensamiento y la acción a ir en pos de los objetivos, constancia, perseverancia. Capacidad de pensar con lógica.

✓ Simbolismo

Energía vital, voluntad

Las dos líneas se unen secundariamente por los bordes. Freno a la voluntad. No se destaca por la energía que pone cuando debe realizar cosas (ya que la diagonal no atraviesa la otra línea).

Necesita que la empujen para ponerse en movimiento (que la martillen en su cabeza). Busca estímulos. Es dependiente de su madre y no actúa por decisión propia. Necesita la aprobación materna, para producir algo. Se relaciona con lo visto en el 3 de bajas ambiciones y en el 4 donde se dispersa y angustia ante la actividad.

- **Cuadro 6**

Espacio gráfico

Zona media central: yo presente, predomina lo consciente, afectividad, seguridad, aprovecha la energía, actividad normal.

Orden

Dibujo claro: claridad mental, capacidad de organización y planeamiento, aptitudes para afrontar y solucionar dificultades.

Dimensión

Mediana: autoestima normal

Forma

Rectas: predominio mental sobre lo emocional, analítico, pensante, reflexivo, capacidad de síntesis, seguridad, decisión.

Presión

Mediana: buena energía vital

Retoque: inseguridad

Continuidad

Ligado con algún desligado: constancia y perseverancia, pero se corta en situaciones que no son de su agrado.

✓ Simbolismo

Conexión de ideas, razonamiento lógico

Las líneas se ensamblan en un motivo, lo que muestra poseer la capacidad para conectar ideas, usa la lógica para la solución de problemas.

• Cuadro 7

Espacio gráfico

Zona superior, media, inferior derecha: intelectual, super yo, futuro, audacia, ambición, proyectos. Afectivo, aprovechamiento de la energía, actividad normal. Dominación, sensualidad, depresión, búsqueda de apoyo.

Orden

Dibujo claro: claridad mental, capacidad de organización y planeamiento, aptitud para solucionar problemas.

Dimensión

Normal: buen nivel de autoestima

Forma

Curvas: sensibilidad, flexibilidad, buena adaptación social, empatía, capacidad de comunicación, afectividad, conciliación, cortesía.

Presión

Media: buena energía volitiva

Continuidad

Ligado: tendencia del pensamiento y la acción a marchar en pos de los objetivos deseados, constancia y perseverancia, capacidad de pensar con lógica

✓ Simbolismo

Comportamiento afectivo

Al tratar de unir los puntos con la línea, dice estar en camino de la maduración emocional, independiente para actuar. Satisfecho con su vida emocional.

El paraguas se puede interpretar, como una conducta defensiva en el plano emocional. Busca protección y seguridad, sólo cuando se siente segura se compromete en los vínculos.

• Cuadro 8

Espacio gráfico

Zona central, inferior, izquierda, centro, derecha: lo concreto, el presente, la realidad inmediata, dificultad de desprendimiento y crecer. Retraimiento, le cuesta un tanto vincularse socialmente. Predomina lo consciente. Persona afectiva, aprovecha la energía, activo, sociable.

Orden

Dibujo claro: claridad mental, capacidad de organización y planificación. Aptitudes para solucionar problemas.

Dimensión

Grande: autoestima, confianza, expansión, fuerza vital. Necesidad de llamar la atención y no pasar desapercibido.

Forma

Curvas: afectividad, comprensión, conciliación, cortesía.

Presión

Media: energía volitiva normal.

Continuidad

Ligado: tendencia del pensamiento y la acción a marchar en pos de objetivos. Constancia y perseverancia. Capacidad de pensar con lógica.

✓ Simbolismo

Conducta social

Al cerrar la circunferencia tiende a la reserva, introversión. Estudia sus vínculos. Es una persona social, agradable, con cortesía y buena capacidad de comunicación.

El payaso habla de tratar de mostrar una imagen a los otros alegre, pero que no siempre concuerda con las cosas que verdaderamente siente. Suele estudiar a las personas, antes de comprometerse en vínculos, no es todo lo espontánea que aparenta.

• Cuadro 9

Espacio gráfico

Zona central superior, media, inferior: super yo, comprensión intelectual, soñador, ideales concretos, imaginación realista, predomina lo consciente, afectivo, actividad normal, necesidades somáticas, actividad física.

Orden

Dibujo claro: claridad mental, capacidad de organización y planificación.

Dimensión

Grande: fantasía, autoestima, confianza, expansión, fuerza vital

Forma

Curvas: afectividad, comprensión, conciliación, compasión, cortesía

Espirales: egoísta, falta de decisión, egocentrismo, introversión

Bucles: agradable, diplomático, sabe decir lo que quieren escuchar.

Presión

Media: buen nivel de energía vital

Continuidad

Ligado: tendencia del pensamiento y la acción a marchar en pos de los objetivos. Constancia, perseverancia. Capacidad de pensar con lógica.

Inclinación

Vertical: intelectualidad

✓ Simbolismo

Ideales, vida mental

Cierra la zona superior y deja abierta la inferior. Sus ideales son fundamentalmente emocionales (curvas en zona superior), aspira a ser una persona querida, valorada y desea caer bien ante los demás.

Predomina la emoción sobre la razón. Define las cosas de acuerdo a lo que le provocan en su mundo interno y no de acuerdo a lo conveniente o no de su accionar.

El espiral en el tronco, habla de un conflicto no elaborado en su infancia.

• Cuadro 10

Espacio gráfico

Zona central inferior: pulsiones de conservación. Sexualidad, materialidad, necesidades somáticas, actividad física.

Orden

Dibujo claro: claridad mental, capacidad de organización y planificación. Aptitudes para la solución de problemas.

Dimensión

Pequeño: observación, ecuanimidad, capacidad analítica, autocontrol,

Forma

Recta: predominio mental sobre lo emocional. Analítico, pensante, reflexivo, capacidad de síntesis, decisión

Presión

Media: energía vital normal

Continuidad

Desligado en 2 partes: falta constancia y perseverancia, comienza cosas y abandona. Le cuesta poner una mira y no perderla de vista. Inconstancia

✓ Simbolismo

Objetividad

Al dibujar sobre la línea, dice de su mirada objetiva de las cosas, tratando de no entrometer sus afectos. Su tamaño habla de la inseguridad que le genera cuando pone en juego lo intelectual, sin interferencia de lo emocional.

El sube y baja habla de su inestabilidad en el plano mental. No se siente seguro en esa área, se maneja con más decisión cuando están involucradas las emociones.

• Cuadro 11

Espacio gráfico

Zona inferior central, izquierda, derecha: Ello, predominio de lo material, pasado, madre sobreprotectora, infantil, inmaduro, nostalgia, necesidades somáticas.

Orden

Dibujo claro: claridad mental, capacidad de organización y planificación. Aptitudes para afrontar y solucionar dificultades.

Dimensión

Pequeña: observación, capacidad analítica, autocontrol, reflexión, prudencia, paciencia, autoestima baja

Forma

Curva: afectividad, conciliación, cortesía, predominio emocional sobre lo mental, deseo de ser estimado y querido.

Guirnalda: sentimental, acomodación, nobleza, indulgencia, sociabilidad

Presión

Media: buena energía volitiva

Continuidad

Ligada: tendencia del pensamiento y la acción a marchar en pos del objetivo, constancia y perseverancia, capacidad de pensar con lógica

✓ Simbolismo

Capacidad de adaptación social

La línea queda abierta arriba, lo que denota sociabilidad, deseo de vinculación afectiva, abierto al contacto social. Se puede hablar de alguien a quien le hace bien estar conectada socialmente y a su vez quiere hacer el bien a los demás. Es un tanto influenciable, no le gusta ir al choque, ésta abierta a lo que los otros piensan o desean, con tal de no perder el amor de los demás.

• Cuadro 12

Espacio gráfico

Zona inferior izquierda: biológica, ello, pasado, busca privilegios, madre sobreprotectora, infantil, inmaduro, nostalgia.

Orden

Dibujo claro: claridad mental, capacidad de organización y planificación, aptitud para resolver problemas.

Dimensión

Pequeño: observación, capacidad analítica, autocontrol, reflexión, prudencia, paciencia, autoestima baja.

Forma

Recta: solidez, seguridad, audacia, decisión, analítico, reflexivo.
Letras curvas: afectividad, conciliación, cortesía.

Presión

Media: buena energía volitiva

Continuidad

Desligada: intuición, falta constancia y perseverancia

✓ Simbolismo

Adaptación al medio ambiente

Dibuja dentro del rectángulo, lo que dice de su tendencia a la vida interior, es decir tiene capacidad para entender su mundo interno, pero con una modalidad de buen vínculo con los demás, cortesía y capacidad de comunicación. Cuando no se siente valorada por los demás, suele meterse para adentro de sí misma.

• Cuadro 13

Espacio gráfico

Zona central, media, inferior: yo, presente, predominio de lo consciente, afectivo, seguridad, aprovecha la energía. Biológico, ello, pulsiones de conservación, sexualidad, materialismo, necesidades somáticas.

Orden

Dibujo claro: claridad mental, capacidad de organización y planeamiento. Aptitudes para afrontar y solucionar dificultades

Dimensión

Pequeño: observación, ecuanimidad, capacidad analítica, autocontrol, reflexión, prudencia, paciencia, autoestima baja.

Forma

Recta: predominio mental sobre emocional, analítico, pensante, reflexivo, capacidad de síntesis, seguro de sus actos.

Curva: afectividad, comprensión, conciliación, cortesía

Presión

Media: buena energía volitiva

Continuidad

Ligada: tendencia del pensamiento y la acción a marchar en pos de los objetivos. Constancia y perseverancia. Capacidad de pensar con lógica.

Inclinación

Vertical: rigidez mental

✓ Simbolismo

Vida mental, intelectual

Dibuja hacia la izquierda, cuando decide prima lo aprendido, las costumbres, le cuestan los cambios.

Otra parte en zona inferior, va a lo concreto y práctico.

Es una persona donde lo emocional prima por sobre lo mental. No se siente segura en el plano intelectual. Busca apoyo y seguridad cuando tiene que poner en juego su intelecto.

• Cuadro 14

Espacio gráfico

Zona media central, superior: vida afectiva, yo presente, intelectual, super yo, deseo de destacarse, anhelos espirituales, imaginación, soñador

Orden

Dibujo claro: claridad mental, capacidad de organización y planificación, aptitudes para afrontar y resolver problemas

Dimensión

Pequeño: observación, capacidad analítica, autocontrol, reflexión, prudencia, paciencia, autoestima baja.

Forma

Curva: afectividad, conciliación, cortesía, compasión

Presión

Media: buena energía volitiva

Continuidad

Ligada: tendencia del pensamiento y acción a marchar en pos de objetivos. Constancia y perseverancia.

✓ Simbolismo

Forma de enfrentar los problemas y dificultades, canalización de la agresión

Modifica las puntas medias con curvas: habilidad para manejarse diplomáticamente ante los enojos.

Modifica la punta superior con curvas: espiritual, con capacidad de tener en cuenta las ideas ajenas.

No modifica las puntas inferiores: cuando se enoja puede reaccionar con impulsos e ir al choque sin pensar.

Busca resolver los problemas de manera agradable, sociable y comunicativa, su deseo de ser querida prevalece en su accionar, pero cuando se enoja puede en algunos momentos reaccionar agresivamente.

• Cuadro 15

Zona central, superior, media, inferior: lo concreto, el presente, la realidad inmediata

Orden

Dibujo claro: claridad mental, capacidad de organización y planificación, aptitudes para afrontar problemas y buscar soluciones.

Dimensión

Mediana: buena autoestima

Forma

Curva: afectividad, cortesía, comprensión.

Presión

Mediana: energía volitiva normal

Continuidad

Desligados: intuición, falta de constancia

Inclinación

Vertical: predominio intelectual

✓ Simbolismo

Ambiente interno y externo, ambiente afectivo

Une las curvas en un motivo por la zona superior e inferior: se une con los otros por la coexistencia de ideas y propósitos, ambiciones y deseos.

La falta de cabeza en el dibujo y el detalle del vestido, habla de su predominancia afectiva sobre lo intelectual. La búsqueda de unión con los otros, desde sus emociones. Hay rigidez para correrse de lo aprendido y establecido.

• Cuadro 16

Espacio gráfico

Zona central: lo concreto, el presente, la realidad inmediata

Orden

Dibujo claro: claridad mental, capacidad de planificación y organización, aptitudes para resolver problemas.

Dimensión

Pequeña: observación, ecuanimidad, capacidad analítica, autocontrol, reflexión, prudencia, paciencia, autoestima baja.

Forma

Curva: afectividad, comprensión, cortesía

Presión

Mediana: buena energía volitiva

Continuidad

Ligada: tendencia del pensamiento y la acción a marchar en pos de objetivos, constancia y perseverancia, capacidad para pensar con lógica

✓ Simbolismo

Parte emocional, mundo interno

Cierra el tema por zona superior e inferior: tendencia a la introversión

Dibuja dentro del tema: centrado en su yo. Preocupación por las cosas que le acontecen. Dificultad a la hora de salirse de sí.

Es una persona que por sus inseguridades, es muy observadora de lo que acontece en el mundo. Le cuesta un tiempo adquirir la seguridad para vincularse, cuando lo logra, recién allí establece sus vínculos sociales.

Síntesis interpretativa

Área intelectual

Representada por los cuadros 1, 3, 6, 10, 13

Posee capacidad de decisión y de resolver problemas, teniendo en cuenta lo que sus emociones le dictan.

Lo que siente se prioriza sobre lo que piensa en sus decisiones y acciones. No le gusta tener conflictos, busca negociar y acordar con los otros.

Detenta la capacidad de reflexionar, pensar sobre lo que va a hacer y usar la lógica para resolver los problemas, así como planificar a la hora de llevar adelante acciones, pero no es su fuerte.

Hace esfuerzos para tener una mirada objetiva sobre las cosas, es decir, trata de quitar las emociones que siente, cosa que no le es fácil de lograr.

Le cuesta centrar la atención en un estímulo a la vez, suele hacer varias cosas juntas y dispersar la energía de manera que no llega a la profundidad de todos los temas que abarca.

Trata de recurrir a lo conocido y aprendido, para solucionar las cuestiones, lo que le brinda mayor seguridad. Le cuestan un poco los cambios, lo que maneja la hace pisar por terrenos más firmes.

Área afectiva

Representada por los cuadros 1, 2, 4,5, 7, 14, 15, 16

Posee energía volitiva para enfrentar y resolver problemas, como para encarar proyectos, pero no siempre la voluntad acompaña esa fuerza que posee.

Le cuesta tener que esforzarse para lograr objetivos, su ansiedad la lleva a que cuando no obtiene resultados rápidos, pierde la energía.

Es una persona predominantemente emocional, donde lo que siente es el motor para las cosas que encara. Esta en camino de la madurez emocional, resuelve algunas cuestiones con conductas más infantiles que lo esperado.

Es un tanto insegura, carece de la suficiente confianza en sí misma, por temor a fracasar o no ser reconocida, por lo que suele encerrarse en sí en algunas circunstancias, como medida defensiva.

Es de actuar de manera egocéntrica en algunos momentos, de centrarse en sus problemas, preocupaciones y espera que los demás estén pendientes de sus necesidades.

Área Social

Representada por los cuadros 8, 11, 12, 14, 16

Es una persona que sabe acomodarse a las pautas y normas del medio social. Es sociable, sabe adaptarse a las circunstancias y establece relaciones naturales con la gente. Tiene una tendencia natural a relacionarse con los que la rodean.

Es capaz de intercambiar con las otras personas, tiene habilidad para comunicar a otros alguna cosa, con atención y respeto. Cuando se presentan problemas busca resolverlos de manera agradable, es mediadora, apacigua los posibles conflictos.

No le gusta la pelea, ni los choques, aunque cuando se enoja y junta broncas, puede reaccionar con impulsos agresivos en sus respuestas.

Su autoestima por momentos baja, hace que tienda a encerrarse en su mundo interno, observar y asegurarse de que no va a ser lastimada, antes de llegar a comprometerse en sus relaciones sociales.

Cuando no llega a sentirse valorada por los otros, suele meterse en su mundo interno, como actitud defensiva

CAPÍTULO 3

Test de Bender

Lauretta Bender

Psiquiatra norteamericana. Comenzó a investigar sobre el test en 1932 y lo publico en 1938.

Se lo conocía como Bender Gestalt, ya que la autora se apoyó en la teoría de la Gestalt, fundamentalmente en las investigaciones de Max Wertheimer sobre las leyes de la percepción.

Bender pensó que para realizar la prueba, la persona debe componer el esquema de acuerdo al estímulo visual, para luego reproducirlo motrizmente.

Para llevarlo adelante se ponen en juego los sistemas sensoriales aferentes y eferentes. Cuando hay una falla en este circuito, el dibujo se alejará del modelo original, lo que puede dar indicios de un trastorno emocional, mental o neurológico.

Tomo en cuenta como base en este test, el libro de María Cristina Gay "Nuevas aportaciones clínicas al test de Bender", de editorial Eudeba.

Características

El test consiste en 9 tarjetas con figuras, que el sujeto debe copiar en una hoja en blanco, lo más cercana posible al modelo original.

Tarjetas

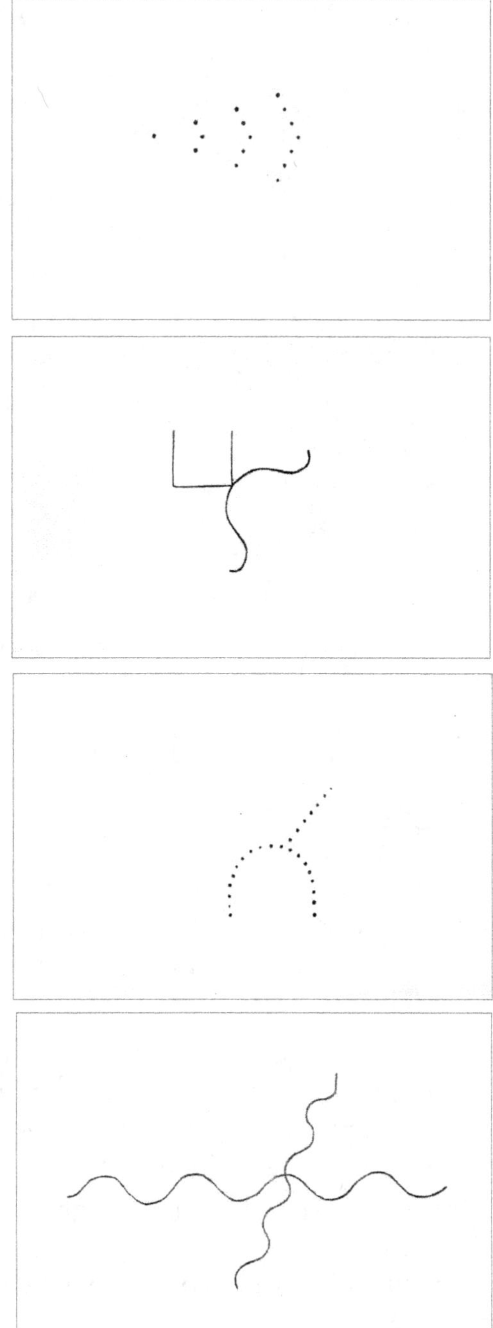

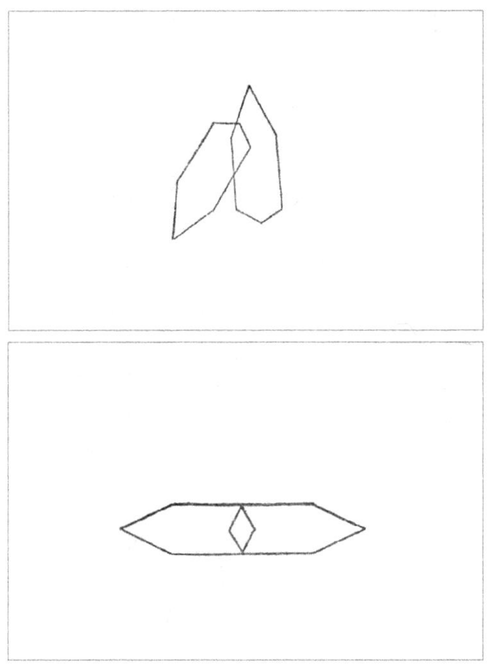

Generalidades

Bender ideó el test, como prueba de maduración para niños. Luego se extendió su experimentación a adultos.

Basada en la psicología Guestalt, mide la función llamada Guestáiltica.

"La función Guestáltica , es aquella función del organismo integrado por el cual éste responde a una constelación de estímulos dada como un todo, siendo la respuesta misma , una constelación, un patrón, una guestalt" (Bender).

La reproducción Visomotora de las figuras, da cuenta entre otras cosas de la capacidad de lenguaje, la percepción visual, la memoria, la habilidad motriz, la orientación temporo espacial, la inteligencia, etc.

Como resultado de la función Guetáltica personal, se puede ver el nivel de maduración adquirido por el examinado.

Para reproducir la figura, es importante la captación del estímulo sensorial, la percepción resultante (que combina el estímulo percibido, con memoria pasada sobre el mismo), para llegar al momento motriz de la copia.

Bender llegó a la conclusión que el resultado de la copia, era un esquema Visomotor, que si lo modifica en relación al modelo, era producto de la posibilidad de integración, de la forma en que fue percibido y dibujado.

Las variaciones se darán por la capacidad perceptivo motriz, el nivel de maduración adquirido, por el grado de salud o enfermedad, por el equilibrio emocional, etc.

Psicología de la Gestalt

La Psicología de la Gestalt o Psicología de la Forma es una escuela que surge en Alemania a principios del siglo XX. Los autores más destacados fueron: Max Wertheimer, Wolfgang Köhler, Kurt Koffka y Kurt Lewin.

El término *Gestalt* del alemán se lo traduce como: "conjunto", "totalidad" 'forma'. Surge para oponerse a la visión elementalista de Wundt, quien estudiaba los fenómenos de manera parcial, para luego incluirlos en totalidades.

La Gestalt estudia los fenómenos como unidades organizadas y no como partes que se van integrando. Por ello sostiene como lema que: ***"el todo es más que la suma de las partes"***.

La persona al conectarse con la realidad, capta en totalidades, y para llegar a las partes que la componen, debe hacer un proceso de abstracción y análisis.

Desde esta visión, la percepción, sin estar afectada por otros elementos que puedan ser propicios o perjudiciales, comunica acerca de lo acontecido en el ambiente en forma real, con lo que aumentan las posibilidades de supervivencia.

La teoría se apoya en las leyes de la Gestalt, que explican cómo se llega a percibir, a partir de los estímulos que se reciben.

En el test las figuras responden a las siguientes leyes:

Ley de Proximidad: Los elementos que se hallan próximos en el espacio y en el tiempo, tienden a ser asociados perceptualmente. *Fig A – 1- 2 – 3 – 5 – 6 – 7*

Ley de cierre: se tiende a percibir las figuras incompletas, como si fueran completas. *Fig A – 7 – 8.*

Ley de la buena forma o destino común: la percepción tiende a adoptar las formas más simples posibles. *Fig 4 – 6 – 7 – 8*

Ley de semejanza: Los estímulos parecidos en tamaño, color, peso o forma, tienden a ser percibidos como conjuntos.

Ley de la simetría: Los estímulos simétricos son percibidas como iguales, como si fueran un solo componente.

Ley de la continuidad: Los referencias que conservan una dirección tienden a agruparse juntos, como parte de un patrón.

Ley de la simplicidad: la persona organiza la percepción, de acuerdo a rasgos simples, regulares.

Finalidad del test

Mide el nivel de madurez adquirido tanto en niños como adultos, trastornos emocionales, la capacidad perceptivo-motora, posibles lesiones cerebrales, diferentes tipos de patologías.

Administración

Se debe contar con las 9 tarjetas, lápiz, hojas tamaño A4.

El tiempo de la prueba oscila alrededor de los 7 minutos.

Para administrarlo se le van mostrando las tarjetas una a una, comenzado por la A y terminando en la 8.

Consigna

Se muestra la tarjeta A, no se hace alusión al número de tarjetas en esta parte, se pide lo siguiente: *"Le voy a mostrar una figura y le pido que la copie lo más parecido que pueda"*.

No se le habla del resto de las tarjetas, para ver como usa el espacio gráfico, si supiera que hay más lo organizaría de otra manera.

Una vez terminada la primera, se le dice: *"Ahora va a hacer otras 8 figuras, que le voy a ir mostrando una a una, para que las copie"*.

Ahora sí es importante ver si puede hacer una planificación del espacio. Todo esto nos habla de su personalidad.

Lo puede realizar en más de una hoja. Lo normal es ubicarlas en una o dos hojas.

Se pueden observar casos donde sólo ocupa un pequeño espacio de la hoja y el resto libre o que use varias hojas. Se han dado casos en los que utilizó 9 hojas, aumentando el tamaño de cada figura. Se le da libertad para que se maneje como quiera, luego se interpreta todo lo acontecido.

Evaluación

Para evaluarlo se tomará el modelo de seguir los géneros grafológicos, de los que habíamos hablado en el capítulo 1 del libro.

Espacio

Ubicación en la hoja de la primera figura

El lugar elegido para la primera figura, tiene que ver con la forma que tiene la persona de enfrentar nuevas situaciones, de posicionarse frente a los demás. De querer llamar la atención o esconderse y pasar desapercibido

Posibilidades:

Ubicarlo en el Eje (centro) por debajo del margen superior

Se relaciona grafológicamente con un tamaño normal de escritura. Márgenes cuidados.

Significación psicológica:

Muestra una persona que sabe adecuarse a circunstancias nuevas y cambiantes. Cuenta con una cierta flexibilidad para acomodarse

Margen superior izquierdo

Se relaciona grafológicamente con un tamaño pequeño de escritura. Margen izquierdo pequeño o ausente.

Significación psicológica:

Inseguridad, baja estima, timidez, inhibición, temor, inmadurez emocional, dependencia.

En la parte Central media de la hoja

Se relaciona grafológicamente con el hacer mayúsculas grandes. Márgenes ausentes.

Significación psicológica:

Narcisistas, egoístas, egocéntricos. Quiere estar en el medio de todo, saber todo, ser tenido en cuenta y nunca pasar desapercibido. Cree que los otros deben girar alrededor suyo. Lo presentan algunos trastornos antisociales.

Parte inferior de la hoja, como apoyado en el borde inferior:

Margen izquierdo pequeño o ausente, margen derecho grande.

Significación psicológica:

Inseguridad, excesiva necesidad de apoyo, le cuesta decidir, baja autoestima, poca iniciativa, dependencia, dificultades de superar obstáculos. Busca que resuelvan por él.

Ejemplo: Ubicarlo en el Eje (centro) por debajo del margen superior

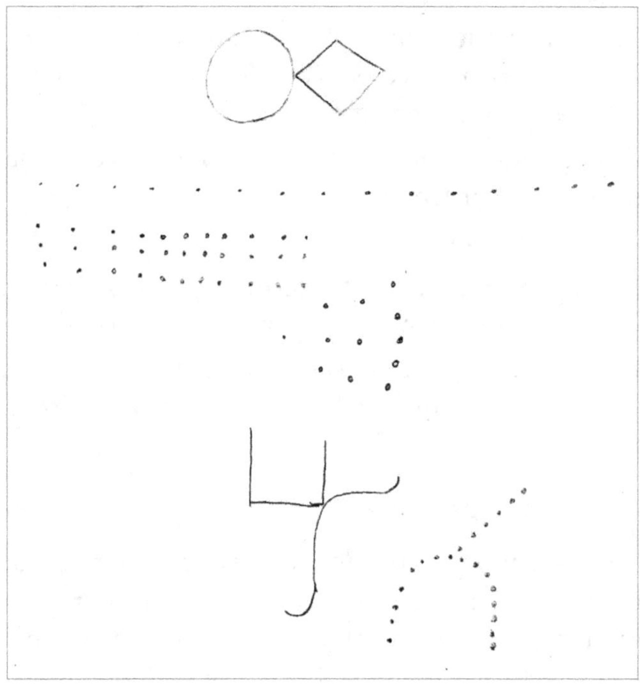

Ejemplo en margen izquierdo superior

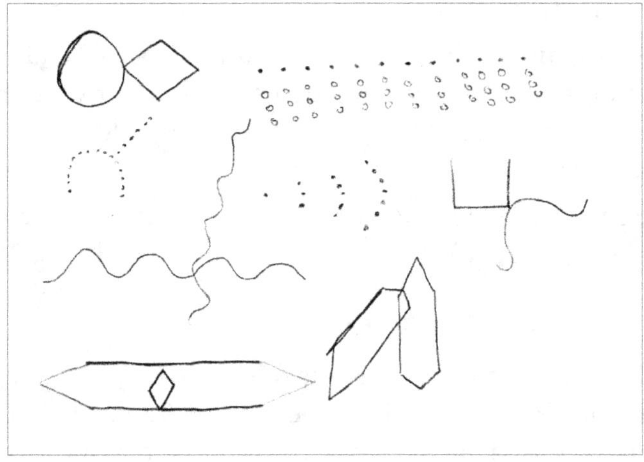

Orden

Secuencia

La manera que tiene el examinado de ubicar los dibujos en la hoja, los sitios donde coloca cada figura. Debería hacerlo de arriba hacia abajo y de izquierda a derecha.

Se relaciona con los aspectos grafológicos de *Orden:* en letra: ordenada – desordenada.

Muy organizado:

Hay rigidez a la hora de colocar las figuras. Se ubican uno debajo de otro, con cercanía al margen izquierdo.

Grafológicamente se observa una escritura con respeto por lo que sea separación de letras, palabras y líneas, márgenes bien encuadrados.

Significación psicológica:

Rígido, estructurado, muy mental y poco emocional. Las decisiones se llevan adelante desde lo que piensa, sin poner en juego sentimientos. Rasgos de TOC. Alto monto de ansiedad. Hay frenos en el actuar. Falta flexibilidad para adaptarse a las situaciones de vida. Mucho control, lo que no le permite canalizar adecuada y productivamente la energía que tiene.

Organizado:

La organización es buena, ya que se permite alguna modificación a la estructura, puede haber una o dos figuras que no siguen la pauta. Se puede seguir el dibujo de la A a la 8 sin alteraciones.

Se relaciona con la escritura ordenada, pero con alguna flexibilidad, no es perfecta la distribución, pero es buena.

Significación psicológica:

Presenta una cierta dosis de flexibilidad, que le permite adaptarse mejor a las situaciones de la vida. Capacidad de organización, con orden mental y posibilidades de planificación. Buen nivel de adaptación social, sabe interaccionar y cuando debe poner un límite al otro.

Irregular flexible:

Sigue con una cierta organización la ubicación de las figuras, pero modifica más de dos en su distribución.

Se relaciona con un escrito que sin perder la organización, no respeta los patrones esperados numéricamente, en distribución y disposición.

Significación psicológica:

Mayor flexibilidad que en el caso anterior. Puede cambiar puntos de vista sobre la marcha para acomodarse al ambiente y no generar choques. Le cuesta seguir pautas rígidas, necesita una cierta libertad para funcionar adecuadamente. Suele tener un mayor nivel de creatividad.

Desorganizado

Las figuras están colocadas arbitrariamente sobre la hoja, sin ningún tipo de organización, ni planificación. Es difícil seguir una secuencia de la primera a la última figura.

Se relaciona con la escritura desorganizada, sin separación adecuada entre letras, palabras y líneas. Mal encuadramiento de los márgenes.

Significación psicológica:

Su mente funciona sin organización, ni planificación. La ansiedad lo desborda. Su cabeza es como su dibujo, caótico, no sabe secuenciar acciones. Impredecible

Ejemplo organizado

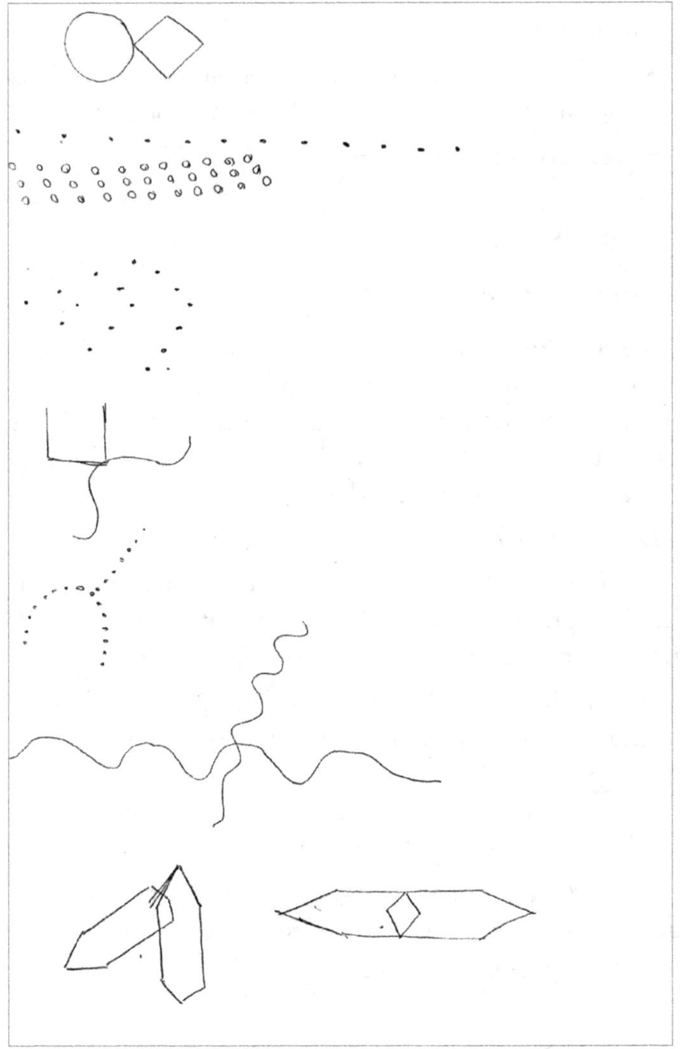

Ejemplo irregular flexible

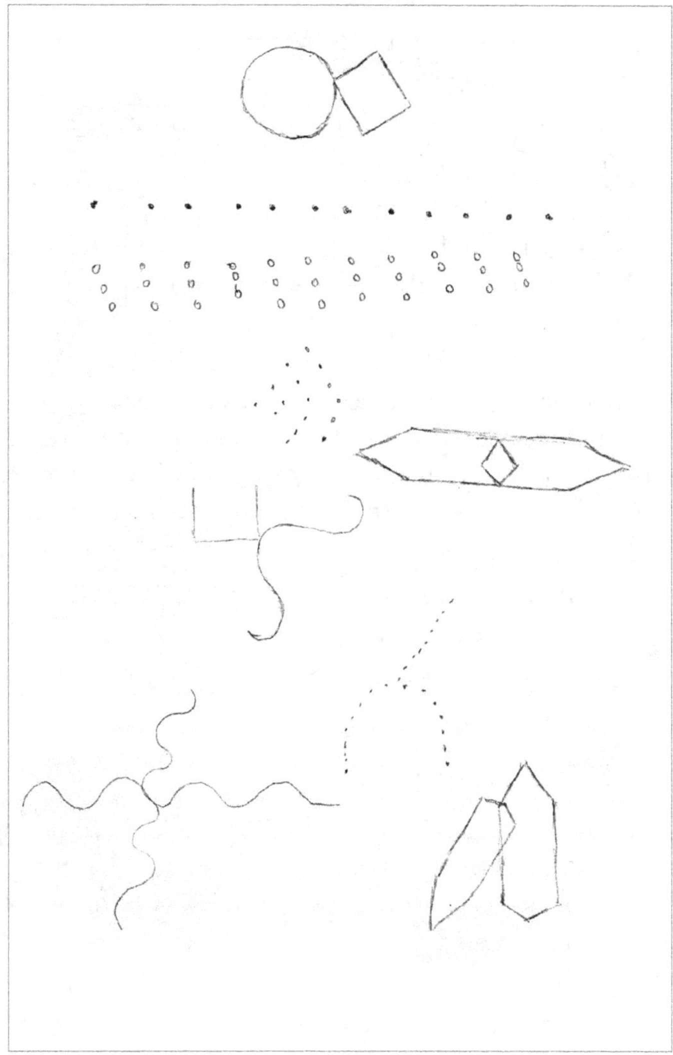

Ubicación general de los dibujos

Observar la posición de cada uno de los dibujos en la hoja.

Ésta relacionado con los escritos en cuidado de márgenes, puntos aparte, sangrías.

Figuras que se colocan apoyándose algunas en margen superior y otras sobre el margen inferior.

Usa las orillas del papel.

Se relaciona con las escrituras que no dejan margen superior. El inferior se debe evaluar en que situación se da.

Significación psicológica:

Dependencia, excesiva necesidad de apoyo. Le cuesta tomar decisiones y resolver cuestiones de manera autónoma. Vacilaciones, dudas. Inseguridad, baja autoestima. Dificultad para relacionarse. Temor a la crítica. Suele estar pendiente de la valoración ajena.

Dibujar el contorno de la tarjeta y poner la figura en ese recuadro.

Generalmente son escrituras pegadas a margen izquierdo, que no llega a la derecha.

En general son escritos que no llegan a la derecha y disminuyen su tamaño.

Significación psicológica:

Necesidad de sentirse seguro. Búsqueda de protección y cuidado en vínculos. Tiende a aislarse, encerrarse. Introversión. Temores fóbicos. Suele estar pendiente de la opinión ajena, se siente un tanto perseguido por los otros.

Colocar la figura A en el centro de la hoja y agrandarla:

El resto de las figuras suelen rodearla.

En general escritos con tamaño grande y mayúsculas ornamentadas. Escrito que ocupa todo el espacio disponible.

Significación psicológica:

Desea ser el centro del mundo y que todos en lo posible giren alrededor de sus propias necesidades. No es de tener en cuenta opiniones o necesidades ajenas. Cree que todos deben estar a disposición suya. Egoísta, egocéntrico. Se cree dueño de la verdad. Ansiedad. Habitual en personalidades narcisistas y antisociales.

Realizar un dibujo en cada hoja:

Suelen ser dibujos grandes, muchas veces en el centro de la hoja ocupando un 50% de la misma.

Se relaciona con escritos muy grandes, invasivos.

Significación psicológica:

Es una persona que no ésta bien ubicada en tiempo y espacio. Carece de pautas claras. Suele sentirse insatisfecha, nunca ésta conforme con lo que logra o le que le dan. Impulsiva. Agresivo, cuando las cosas no son como las pensó. Puede ser un desborde de ansiedad, esquizofrenia o trastorno antisocial.

Dibuja acumulando en margen superior o en una parte pequeña y el resto de la hoja libre:

Suele disminuir los tamaños de las figuras.

Son generalmente escritos con el margen izquierdo pequeño o ausente, concentrada y escritos con tamaño pequeño.

Significación psicológica:

Inhibición, miedos, inseguridad, baja autoestima. Temores de tipo fóbico. Rigidez. Le cuesta enfrentar la vida, suele ser dependiente a la espera de tomen decisiones por él. Aislamiento, encierro, introversión.

*Ejemplo: Dibuja acumulando en margen superior o en una
parte pequeña y el resto de la hoja libre:*

Ejemplo: Realizar un dibujo en cada hoja:

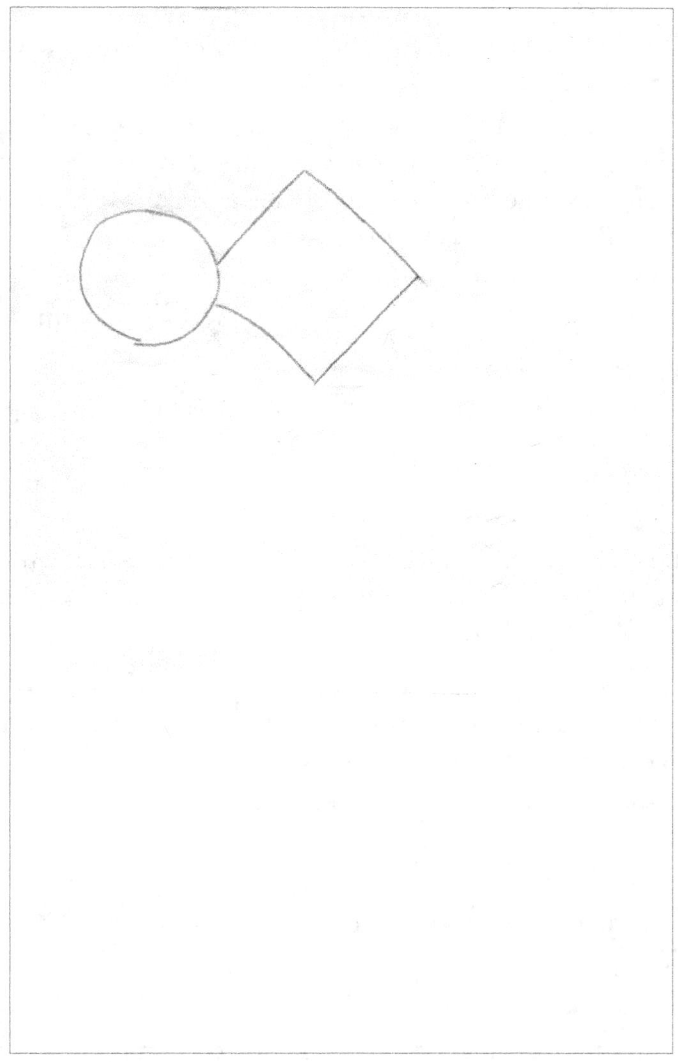

Distribución

Tener en cuenta la distancia de separación que existe entre dos dibujos cercanos.

Se relaciona con el estudio de la separación entre letras y palabras en la escritura.

Psicológicamente es un reflejo de cómo se relaciona con los demás. El grado de cercanía o distanciamiento que adopta en los vínculos. Como percibe el ambiente, agradable o agresivo. La capacidad de escucha con los otros.

Dibujos espaciados

Hay mucha distancia entre un dibujo y otro. El espacio en blanco es abundante.

Grafológicamente se lo relaciona con la escritura espaciada.

Significación psicológica:

Suelen ser distantes en los vínculos. Necesita aire, no le gusta que le estén encima. Le cuesta adaptarse a los ambientes. Puede llegar a la agresión si es que se siente atacado. Discutidores. Desea salirse con la suya

Dibujos concentrados

Poca distancia entre un dibujo y otro. Suelen amontonarse, sin necesidad de tocarse entre ellos.

Se relaciona con la escritura concentrada.

Significación psicológica:

Introvertido, más pegado al otro. Dependiente. Acaparadores. Masoquista.

Adosados

Figuras que llegan a apoyarse una con otra.

Grafológicamente se la puede relacionar con adosados, reenganches.

Son personas que tienden a pegotearse en las relaciones. Dependiente. Absorvente. Inseguro. Les cuesta tener en cuenta y escuchar las necesidades de los otros. Egocéntricos, que esperan que los otros vivan pendientes de sus necesidades. Agresivos cuando no responden a sus demandas. Posible epilepsia, junto a otros datos neurológicos.

Invasiones

Partes de una figura choca o se mete en parte dentro de la otra Grafológicamente se relaciona con la escritura confusa.

No respeta el límite ajeno. Absorvente. Quiere estar en cada detalle de lo que acontece con el otro, Invasivo. Dependencia. Se cree con todos los derechos sobre los demás. Junto a otros rasgos puede ser indicio de problemática neurológica, epilepsia, esquizofrenia.

Normal

Se da la distancia adecuada entre figuras, de manera que hay espacio blanco entre ellas, de forma que no se acercan ni se alejan en demasía. Buen dialogo entre dibujo y blanco

Se relaciona grafológicamente con la escritura clara

Orden mental, organización, planificación. Capacidad de adaptación a pautas sociales. Buena integración con los otros. Respeto por el espacio ajeno. Cortesía para vincularse. Comunicativo, sabe hasta que punto contar cosas. Buena escucha del otro.

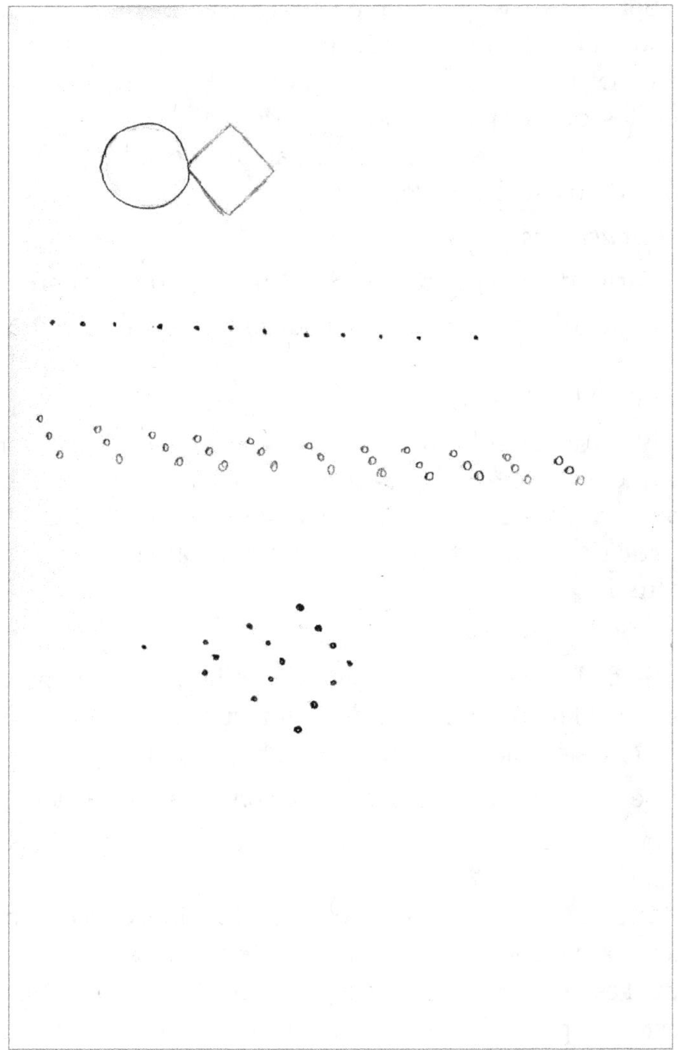

Ejemplo: Concentrado con invasión de fig.6 con fig. 3

Márgenes, Disposición

Como se maneja en relación con los márgenes, fundamentalmente el izquierdo.

Se relaciona grafológicamente con el aspecto disposición.

Cerca de Margen izquierdo:

Coloca el dibujo a menos de 1 cm del margen izquierdo.

Significación psicológica:

Búsqueda inconsciente de apoyo y seguridad. Busca una base
sobre la que pararse. Dependencia con la figura de la madre, que
luego se traslada a otros vínculos. Inseguridad. ansiedad. Posible
alteración cerebral, si le une a otros rasgos.

Margen izquierdo secundario:

Una vez que completaron en apoyo en el margen izquierdo,
traza una línea vertical en el medio de la hoja, para apoyar las figuras que restan sobre ella.

Significación psicológica:

Inseguridad, yo débil. Búsqueda de apoyo y protección. Carece de confianza en sí mismo. Dependencia. Dudas y vacilaciones. Le cuesta asumir responsabilidades y tomar decisiones.
Suele sentirse atacado y perseguido por los otros y espera ser de-
fendido.

Normal:

Deja un 5% del ancho de la hoja, con relación al borde del papel.

Grafológicamente, se relaciona con el margen izquierdo normal.

Significación psicológica:

Madurez, equilibrio. Independencia, resuelve sus problemas
sin necesidad de apoyo. Logro desprenderse de la familia y mantener la distancia sana y adecuada.

Ejemplo: Cerca de margen izquierdo

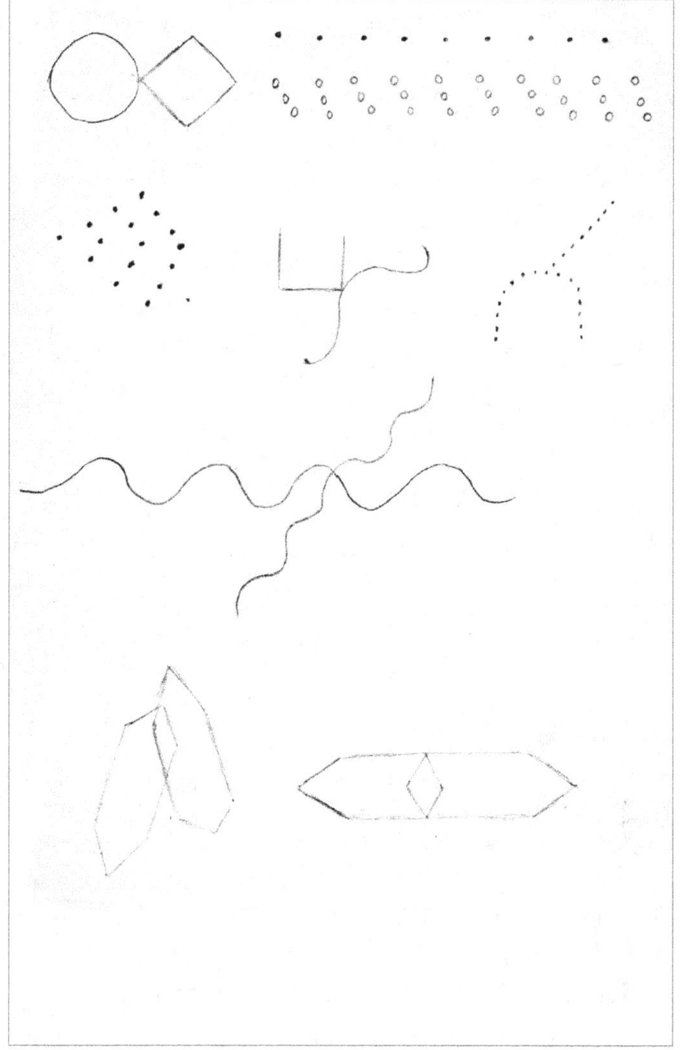

Dimensión

El tamaño que se considera normal cuando la figura esta alterada en más o menos del 40% con respecto a la tarjeta estímulo. Más del 40 será considerado grande, en menos del 40% pequeño.

Grafológicamente relacionado con la dimensión mediana, grande o pequeña en las escrituras.

Grande

El tamaño de la figura supera en más de un 40% a la figura modelo, en varias de las tarjetas.

Se relaciona grafológicamente con la escritura grande.

Excitación. Alto monto de ansiedad. Ambiciones difíciles de concretar. Extrovertido. Necesidad de llamar la atención. No le gusta pasar desapercibido. Deseo de destacarse y ser reconocido.

Pequeña

El tamaño de la figura es menor en un 40% o más con relación a la tarjeta estímulo.

Se relaciona grafológicamente con la escritura pequeña.

Timidez, inseguridad. Baja autoestima. Introversión Desea pasar desapercibido. Le cuesta expresar lo que le pasa o siente. Represión. Retracción. Inhibición. Le cuesta tolerar las frustraciones. Sumado a otros rasgos, puede hablar de una depresión manifiesta o encubierta.

Normal

Guarda relación con la figura modelo, pudiendo ser un poco más grande o un tanto más pequeño, pero sin exageraciones.

Grafológicamente se relaciona con la escritura mediana.

Buen nivel de autoestima. Persona segura de sí misma. Tiene claridad sobre lo que quiere y como conseguirlo. Capacidad para adecuarse a las circunstancias que le tocan vivir. Sabe manejarse en ambientes sociales. Buen nivel de comunicación. Posibilidad de tolerar las frustraciones.

Exageración o depreciación de una figura o de alguna de las partes del dibujo

Falta de estabilidad en el plano emocional. Cambiante en su ánimo, inestable. Perturbaciones emocionales. Indecisión, vacilación, dudas.

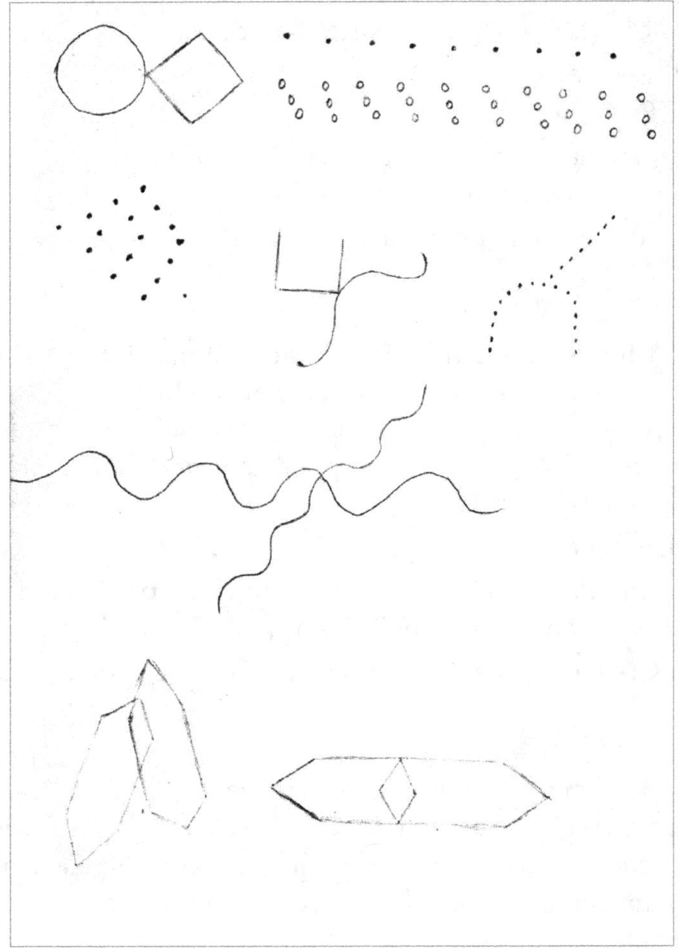

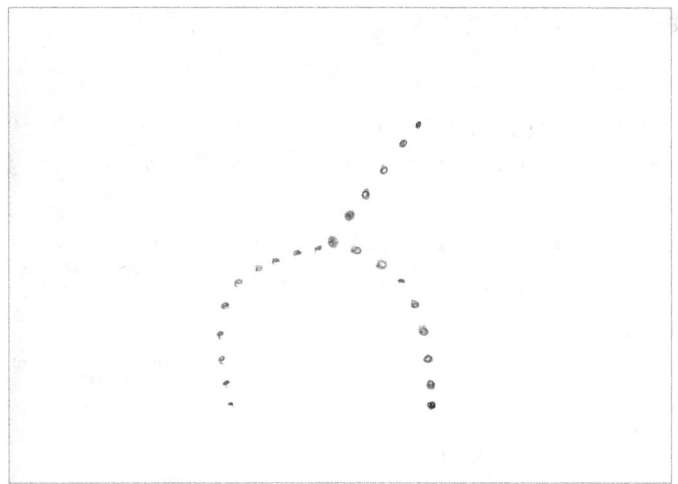

Forma

Se observan los elementos con los que el examinado construye el dibujo. Si respeta los movimientos rectos, angulosos o curvos que hay en cada figura. Puede haber pequeñas alteraciones, pero en ningún caso es esperable que rompa la gestalt.

Grafológicamente se relaciona con el género forma.

Intensificar las curvas

Los movimientos que llevan curvas se exageran. Presentan más curvas que lo que pide el modelo.

Se relaciona grafológicamente con escritos donde las curvas son las dominantes, de manera exagerada.

Significación psicológica:

Personas en las que la emoción es la base para actuar en la vida, les cuesta analizar los pasos que va a llevar adelante. Hiperemotivos. No controla el estado de ánimo. Dramatiza con gran intensidad situaciones que no lo justifican.

Reducir las curvas

Los movimientos en los que se esperan curvas, se rigidizan, se hacen rectas o angulosas.

Significación psicológica:

Predominio mental sobre emocional. Dificultad a la hora de expresar las emociones. Rigidez. Distancia con los otros. Bloqueo emocional. Represión.

Algunas curvas se intensifican y otras se reducen

No mantiene una constante en el trato de la curva. Unas parecen aplastadas y otras aumentadas.

Se relaciona grafológicamente con un escrito mixto, con exageraciones de rasgos diferentes.

Significación psicológica:

Muy cambiante emocionalmente. Inestable. No mantiene decisiones. No controla cuando se desborda emocionalmente. Sumado a otros rasgos, puede dar indicios de bipolaridad.

Intensificar los ángulos

Los movimientos angulosos se exageran teniendo más grados que los que la tarjeta pide. Los rasgos en curva disminuyen, transformado algunos en ángulo.

Grafológicamente corresponde a la escritura angulosa

Significación psicológica:

Mental, analítico, pensante. Rigidez, dureza, intransigencia. Represión de la vida emocional. Bloqueo en el momento de tener que expresar sentimientos.

Reducir los ángulos

Los ángulos se hacen más agudos de lo que pide el modelo.

Significación psicológica:

Necesidad de contactos afectivos, aunque a veces no sabe cómo pedirlo. Inseguridad. Los problemas lo abruman y responde con reacciones emocionales desbordantes. Necesidad de tener los problemas controlados, pero no lo logra.

Ejemplo disminuir la curva

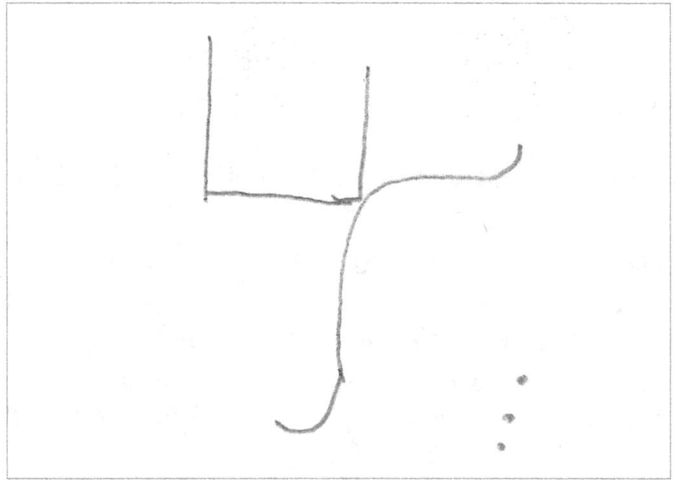

Ejemplo aumentar el ángulo que la figura pide

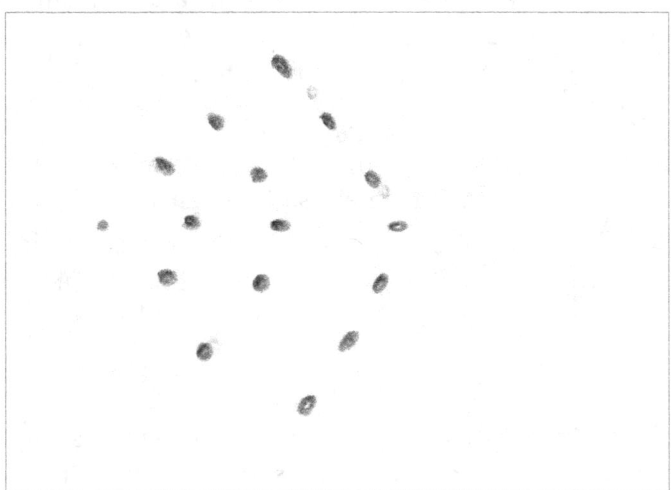

Movimiento

Velocidad

El tiempo esperado para la prueba es entre 7 y 10 minutos. Muy por debajo de ese tiempo es un escrito rápido y por encima lento.

Grafológicamente género velocidad.

Lento

Excesivo detallismo en el momento de realizar el dibujo. Retoca el trazo, se queda detenido en alguna de sus partes. Tarda más de 10 minutos en la realización de las tarjetas.

Grafológicamente se entronca con escritura lenta, con detalles innecesarios, búsqueda de precisión, regularidad rígida. Predominio de forma sobre movimiento.

Significación psicológica:

Persona mental, pensante, analítica, precisa, detallista. Piensa tanto las cuestiones, que le cuesta llevarlas adelante. Super yo exigente. Preocupado por la imagen que los demás puedan ver de él. Sumado a otros rasgos, puede hablar de TOC.

Rápido

Lo realiza sin ningún tipo de planificación, lo hace en dos o tres minutos. Puede llegar a disminuir trazos.

Grafológicamente se relaciona con escritura rápida, en la que simplifica partes, deja rasgos sin poner. La escritura se desorganiza y pierde legibilidad.

Significación psicológica:

Impulsividad. Rápido para captar cosas, pero no siempre efectivo en el momento de resolver. Le cuesta tolerar las frustraciones. Tiende a ir rápido a la acción, lo que se denomina conducta acting out.

Normal

Lo realiza en el tiempo de 7 a 10 minutos. Las figuras guardan las partes requeridas, se mantiene la Gestalt.

Grafológicamente, se relaciona con la escritura moderada o pausada. Tiene las partes necesarias que requiere la caligrafía para cada letra. Dibujo correctamente realizado

Significación psicológica

Buena automatización del pensamiento. Actúa coordinando lo que siente con lo que piensa. Necesita su tiempo para pensar la acción que va a llevar adelante, pero resuelve a tiempo. Capacidad para captar acontecimientos.

Tiempo de ejecución normal, sin perder la Gestalt

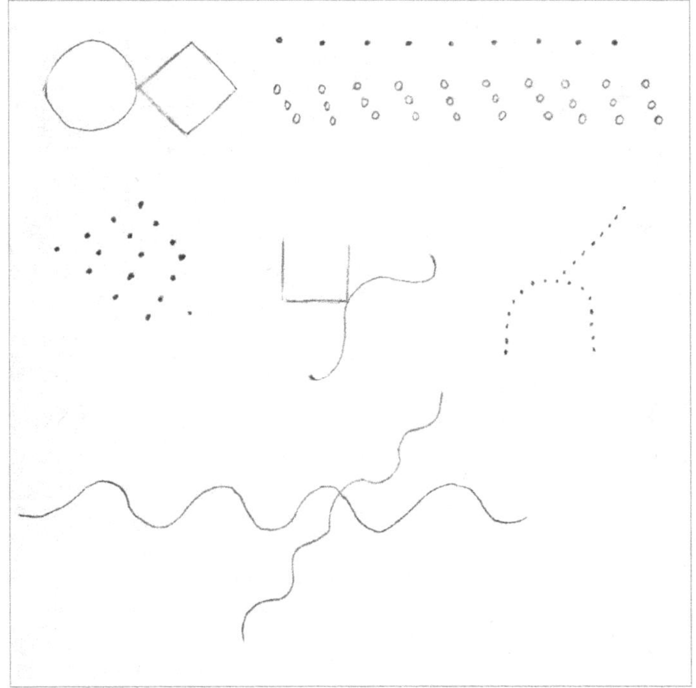

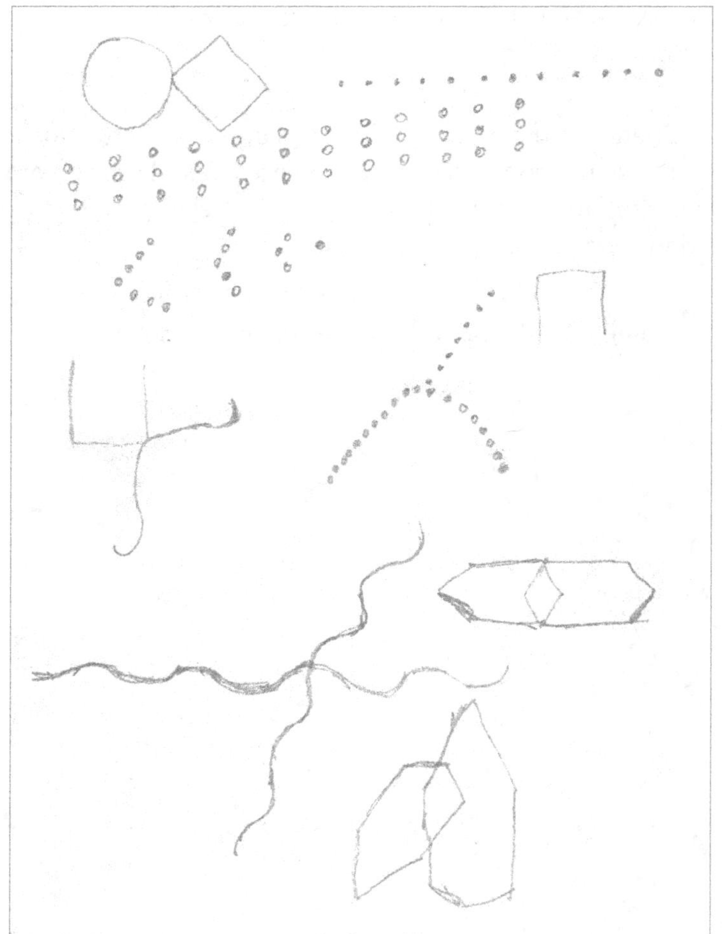

Presión

Tener en cuenta la profundidad con la que el útil penetra en el papel.

Grafológicamente se relaciona con el aspecto presión, que presenta cuatro aspectos: tensión, profundidad, peso y relieve.

Fuerte

El útil penetra en el papel con intensidad. No debe pasar que el sujeto llegue al punto de estar a un paso de romper la hoja, porque en ese caso puede haber violencia.

Grafológicamente se relaciona con escritura firme, profunda, nutrida y con relieve alto.

Mucha energía vital. Yo fuerte. Seguro, decidido. Emprendedor, quiere llevarse el mundo por delante. Perseverante, constante. Se propone una meta y no decae hasta su concreción. Dominante, le gusta imponer sus criterios. Líder. Apto para puestos de mando.

Débil

El útil no penetra con seguridad en el papel, en algunas ocasiones se mantiene en la superficie.

Se relaciona grafológicamente con la escritura de presión débil, con tensión floja, profundidad superficial, peso ligero, relieve bajo.

Significación psicológica:

Poca energía vital. No se compromete demasiado con lo que hace. Timidez, inseguridad, inhibición, temor, baja autoestima, débil de carácter. Tiende a puestos de subordinación. Trata de no sobresalir. No es constante con lo que proyecta.

Normal

Dibujo que penetra en papel, pero sin lastimarlo.

Grafológicamente se relaciona con la presión mediana, con tensión, profundidad, peso y relieve medianos o normales.

Significación psicológica:

Buen nivel de energía, que es canalizada adecuadamente. Emprendedor y resolutivo. Pone la cantidad de energía necesaria en las cosas que hace, ni de más ni de menos. Llega al fin con sus proyectos.

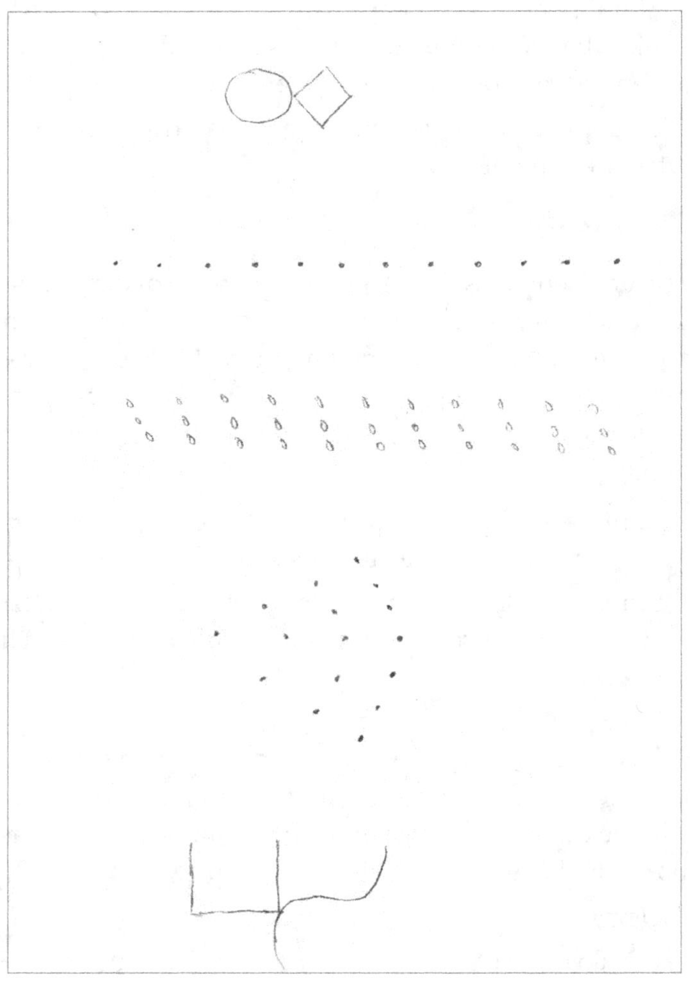

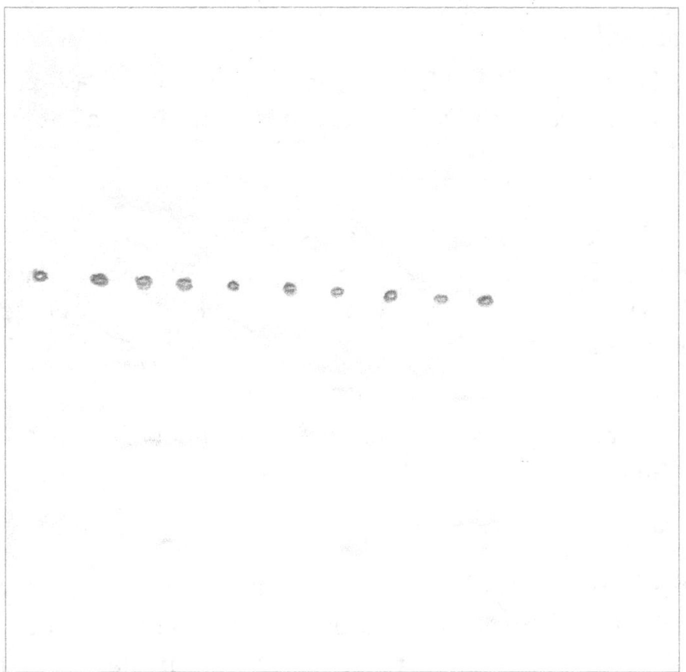

Continuidad

Observar la unión o separación que se produce en los puntos de contacto entre dos partes de la misma figura. Si las líneas tienen cohesión o si aparecen abortadas. Tener en cuenta cuales predominan en el protocolo.

Grafológicamente se lo relaciona con el aspecto continuidad, fundamentalmente en su cohesión.

Desligado

Significación psicológica:

Problemas para continuar las acciones comenzadas. Intuición. Le cuesta establecer relaciones interpersonales. Dificultades emocionales. Rebeldía, desadaptación.

Ligada

Hay líneas continuas en los puntos de unión de las diferentes partes de las figuras.

Grafológicamente se relaciona con la escritura ligada, donde las diferentes letras se hallan unidas entre sí en un alto porcentaje.

Significación psicológica

Capacidad de análisis y síntesis. Aptitudes para actuar con lógica. Continuidad de pensamiento, sentimiento y acción. Perseverante para lograr objetivos. Constante, tenaz. Decidido, emprendedor

Trazos que exceden el punto de unión

El trazo sobrepasa el límite de contacto entre dos partes de la misma figura.

Significación psicológica:

Le cuestan los límites. No le gusta que le digan lo que tiene que hacer. Impulsividad. Dificultad a la hora de tener que frenar los deseos. Sumado a otros rasgos puede hablar de un trastorno antisocial de la personalidad.

Trazo ligado en los puntos de unión

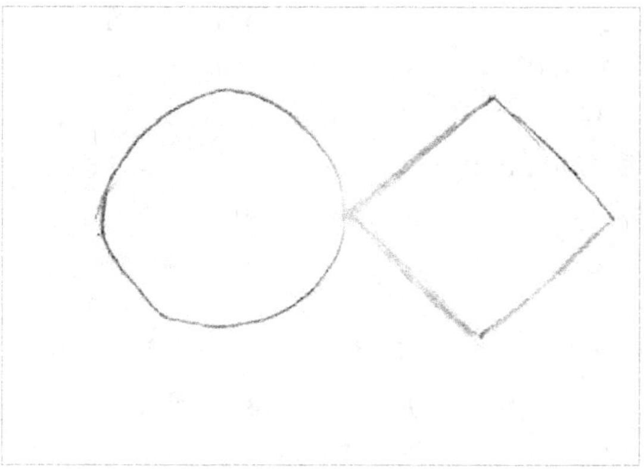

Trazo desligado en los puntos de unión

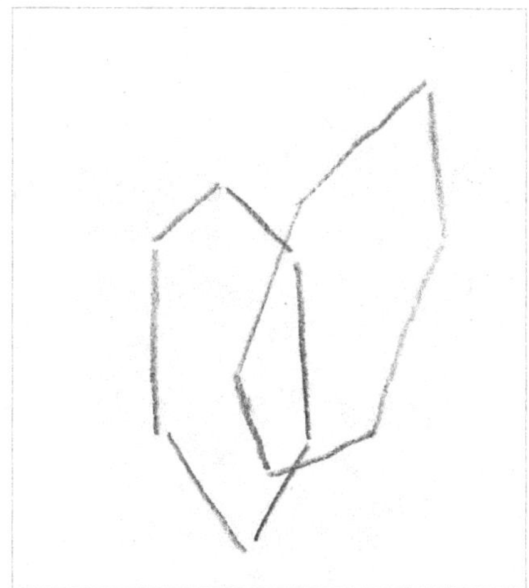

Ejemplo Trazos que exceden el punto de unión

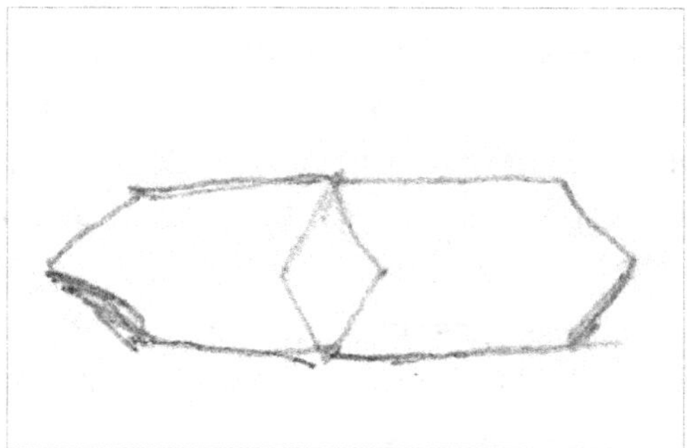

Forma de avance

Observar si los movimientos al dibujar se hacen hacía la derecha o izquierda.

Se relaciona con el aspecto forma de avance progresiva o regresiva, de la escritura

Progresivo

Los movimientos se espera que se hagan en dirección opuesta a las agujas del reloj, sobre todo en figuras cerradas.

Se relaciona grafológicamente con los aspectos progresivos del escrito, con finales hacia la derecha y arriba.

Significación psicológica:

Persona emprendedora, decidida. Busca salidas a los problemas. Siempre tiene proyectos en mente. Extrovertido, sociable, comunicativo. Positivo en su manera de ver la vida. Madurez. Hay crecimiento

Regresivo:

Los movimientos siguen el sentido de las agujas del reloj

Significación psicológica:

En zurdos es esperable. En diestros es regresión, encierro en sí mismo. Narcisismo, egocentrismo. Inmadurez. Introversión. Indecisión. Dificultades a hora de emprender. No le gustan los cambios. Aferrado al pasado y a las tradiciones.

Otros datos a tener en cuenta

Cambio en la posición de la tarjeta o del papel

Se refiere a la rotación del papel o la tarjeta, de la posición en la que se la entrega. El papel va en la posición normal, el eje vertical paralelo al examinado. La tarjeta cuenta con un número detrás, que da orientación para la ubicación correcta.

En grafología es más difícil que roten la hoja en el momento de escribir, pero si pasará, la interpretación sería equivalente.

Rotación entre 90° a 180°

Significación psicológica

Es una muestra de la dificultad para aceptar pautas y límites. El sujeto ésta diciendo con esa actitud, que se va a manejar como el desea y no como se le aconseja. Suelen ser personas narcisistas, con marcado egocentrismo, oposicionistas. Trastorno antisocial de la personalidad, junto a otros rasgos. En caso de ser adolescente, ésta dentro de la rebeldía típica de esa edad.

Simbolismo psicológico de cada figura

- **Figura A**

  El yo. Relación femenino (madre) – masculino (padre).

  Curvas: sentimiento

  Rectas: intelectual

  Ejemplos:

  Circulo achatado: represión afectiva

  Circulo se destaca sobre el rombo: subordinación materna

  Circulo y rombo fragmentados: división en la imagen de la pareja

  Circulo aplastado: represión

- **Figura 1**

  Culpa a nivel inconsciente

  Si son de diferente tamaño: desequilibrio mundo interno- externo

  Disminución: culpa inconsciente

  Aumento: ausencia de culpa

- **Figura 2**

  Super yo

  Variación de tamaño: inseguridad, ambivalencia

  Hacer menos cantidad: rebeldía con los superiores

  Vertical: narcisismo. Despotismo. Dureza

- **Figura 3**

  Agresividad

  Mengua del ángulo: Poca expansión e iniciativa

  Exageración de ángulos: reacciones emocional sin control

  1 Yo, 2 mundo interno, 3 relación con la madre., 4 relación con el padre.

- **Figura 4**

  Figura abierta: madre

  Cuadrado: padre

  Si se destaca la figura abierta: regresivo, dependencia con la madre

  Énfasis en el cuadrado: actividad, emprendimiento

- **Figura 5**

  Curva: femenino, materno.

  Recta: Fálico, padre.

- **Figura 6**

  Sentimiento, sexualidad

  Curva horizontal: femenino, madre

  Curva vertical: masculino, padre, fálico

- **Figura 7**

  Tipificación masculina, paterna, fálica

  Si la amplía: energía sexual mal canalizada

  Si la reduce: Inhibición sexual

  Normal: buena canalización de la energía sexual

- **Figura 8**

  Simbolismo fálico, canalización de la sexualidad

  El rombo pequeño es reflejo del yo

  Hacia la izquierda: regresión

  Hacia la derecha: tentativa de arrancar, despegar y salir adelante

Ejemplo

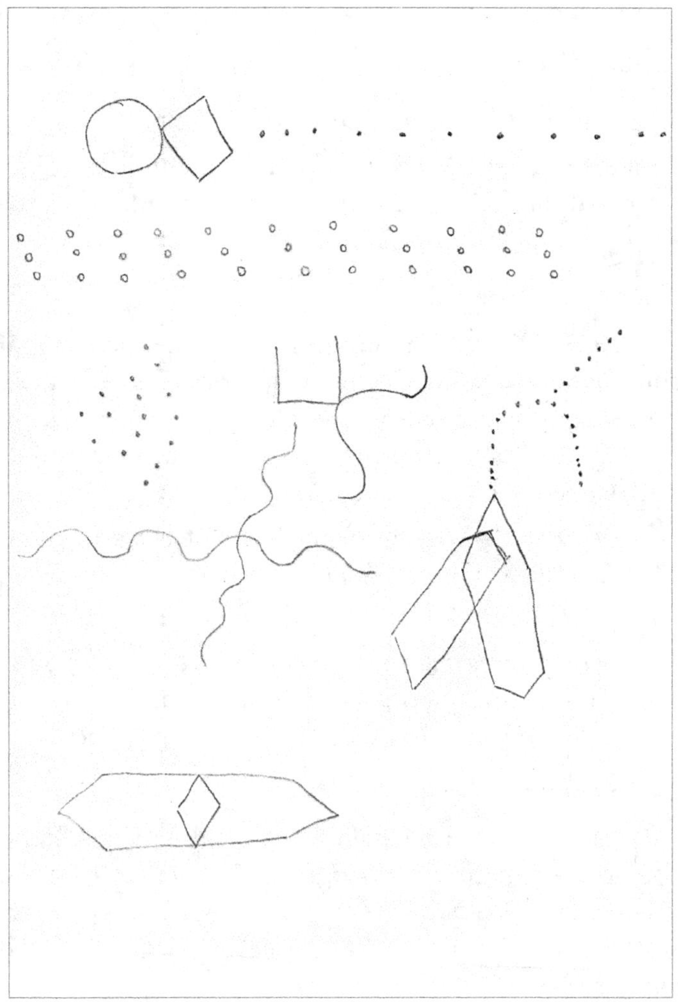

Análisis e Interpretación

Espacio gráfico

Ubicación de la primera figura:

Margen izquierdo superior: inseguridad, timidez, inhibición, baja autoestima. Inmadurez emocional, dependencia

Orden

Secuencia:

Ordenada: puede cambiar puntos de vista sobre la marcha para acomodarse al ambiente y no generar choques. Le cuesta seguir pautas rígidas, necesita una cierta libertad para funcionar adecuadamente. Suele tener un mayor nivel de creatividad. Flexibilidad. Capacidad de organización.

Concentrada: introvertido, pegado al otro. Dependiente, acaparador. Cuidadoso con el dinero.

Disposición:

Se acerca a margen izquierdo, pero no se pega: búsqueda de apoyo y seguridad. Necesita una base firme donde pararse. Dependencia materna. Inestabilidad. Inseguridad. Ansiedad

Dimensión

Normal: buena autoestima. Seguro de sí mismo. Tiene claridad sobre lo que quiere y como lograrlo. Capacidad para adecuarse a las circunstancias que le tocan vivir. Sabe manejarse en ambientes sociales. Buen nivel de comunicación. Posibilidad de tolerar frustraciones.

Forma

Cambios en las curvas:

Disminuyen las curvas (en 4, 5 ,6): más mental que emocional. Rígido. Distante afectivamente. Represión. Bloqueo emocional. Superficial en las relacione afectivas. Distancia con los otros.

Cambios en los ángulos:

Aumentan los ángulos (en 3, 7, 8): mental, analítico, pensante. Bloqueos, rigidez, represión afectiva, dureza, intransigencia. Frenos al momento de tener que expresar sentimientos.

Velocidad:

Normal: buena automatización del pensamiento. Tarda dentro del tiempo necesario para captar y llevar adelante las cosas. No hace agregados o complicaciones. Puede coordinar lo que siente y piensa. Normal capacidad para reaccionar y enfrentar situaciones. Necesita su tiempo para pensar, pero resuelve en forma.

Presión:

Normal: buen nivel de energía que es canalizada adecuadamente. Emprendedor y resolutivo. Pone la cantidad de energía necesaria en lo que hace. Llega al fin de sus proyectos.

Continuidad:

Cohesión:

Desligado (en A, 7, 8): se dan espacios blancos entre partes. Dificultad de continuar lo comenzado. Intuición. Temor a las relaciones interpersonales. Perturbación emocional. Dificultad de contacto social. Rebeldía

Forma de avance:

Progresiva: extroversión, persona emprendedora, decidida. Siempre tiene proyectos en mente. Sociable. Comunicativo. Positivo en su manera de ver la vida. Madurez, crecimiento.

Informe Bender

Es una persona que posee una buena capacidad para enfrentar y resolver con inteligencia situaciones. Capta la realidad, la tiene en cuenta y se toma el tiempo necesario para producir la respuesta pertinente.

Para actuar suele analizar y buscar las posibilidades entre causa y efecto de sus posibles acciones, antes de llevar adelante el cometido.

Sabe organizarse, es decir, proveer los medios adecuados y planificar con tiempo lo que va a realizar, buscar las mejores opciones para enfrentar una tarea o encontrar la solución a un problema.

Se destaca más por su capacidad mental que emocional. Ante los obstáculos prima el estudio, lo que dice su mente sobre el sentimiento. Tiene la flexibilidad suficiente, para amoldarse y manejarse de acuerdo a las exigencias del momento.

Es un tanto impaciente a la hora de tener que esperar resultados, en esos momentos la ansiedad lo traiciona y lo lleva a cometer errores. Cuando logra manejarla, mejora su rendimiento.

Carece aún de la confianza necesaria en sí mismo, para tomar las decisiones y enfrentar los problemas sin buscar el apoyo en alguien de su entera confianza. Es de exigirse más de lo que en realidad debería ser y eso lo conduce a una baja en su confianza, por no cumplir con el ideal soñado.

Socialmente es abierto, se comunica bien con los otros, sabe cómo relacionarse. Pasa por momentos en los que pierde la seguridad y allí suele encerrarse y recurrir a la introversión como defensa. Se mete en su mundo interno, por temor a equivocarse o ser criticado.

Tiene un adecuado nivel de energía para emprender cosas, pero por momentos sus temores lo frenan y lo llevan a confiar en los otros, más que en sí mismo.

Estimulado puede rendir adecuadamente y producir de acuerdo a lo esperado.

CAPÍTULO 4

Grafología

Según la *etimología* está formada por los vocablos griegos

Grafo = escribir, dibujar, pintar

Logos = tratado, estudio de,

La Grafología comprende dos elementos:

~ *Signos gráficos* (elementos visibles)

~ *Significación psicológica* (Son elementos invisibles)

Ejemplo:

Definición grafológica: grande, inclinada.

Significación psicológica: extroversión

Es una *ciencia*. Se la puede ubicar desde otra mirada, dentro de las *Técnicas Proyectivas Gráficas*:

Técnica: porque tiene un método de análisis.

Proyectiva: arrojar hacia fuera aspectos internos, o sea, pasar al plano de la conciencia aspectos inconscientes. Cuando se escribe, se proyecta sobre el papel lo que ésta pasando en el sistema nervioso del escritor.

Gráfica: relativa al dibujo. Abarca garabatos, dibujos, escritura.

Grafología: *es una ciencia, que por medio de medidas rigurosas, en forma metódica, analiza y clasifica los movimientos gráficos, con el fin de dilucidar las características psicológicas de personalidad.*

Personalidad: es la forma y modos en que se manifiesta y se realiza la persona en el mundo. Es la manera de ser de cada uno.

La personalidad, se estudia a partir de observar las manifestaciones de conducta de las personas.

Conducta: es la forma de conducirse. Son tanto *comportamientos observables* (toser, escribir, caminar, hablar, etc) como *no observables*, las vivencias de una persona (sufrir, recordar, sentir, etc).

La **grafología** puede analizarse como muestra de personalidad, debido a que escribir es una conducta. Por lo cual, lo proyectado en el papel en forma de grafismo, es una muestra de la conducta del escribiente, que refleja sus características de personalidad.

Hay diferentes escuelas en Grafología, vamos a tomar fundamentalmente lo esbozado por la Grafología francesa, que divide el estudio del grafismo en ocho géneros gráficos (orden, dimensión, forma, velocidad, dirección, inclinación, presión, continuidad), a estos se les suma el análisis de letras, gestos tipos y firmas.

Vamos a ver un resumen sintético de estos ocho géneros, pero ordenados desde la visión de la escuela alemana, que tiene en cuenta tres grandes aspectos, que de alguna manera abarcan los ocho géneros esbozados, ellos abarcan el estudio de: *Espacio, Forma, Movimiento.*

Espacio

La hoja de papel es un reflejo de un espacio libre, que se debe ocupar. Es como el espacio que el mundo posibilita para movernos en él. La manera de ocupar y manejarse en ese espacio, es un reflejo de la forma que tiene el sujeto de moverse en el mundo.

Por ejemplo, un aula es un espacio delimitado por paredes, donde interactúan profesores y alumnos. Ellos van a poner en juego en ese espacio la forma de ser de cada uno y allí uno puede ver el extrovertido, el tímido, el agresivo, etc.

La hoja es un espacio delimitado por cuatro márgenes, la manera de interactuar en ese espacio, es un reflejo de la forma de conducirse de la persona en los diferentes espacios en los que se mueve en su vida.

El estudio del manejo espacial, abarca los géneros: Orden y Dimensión.

Orden

~ *Definición Grafológica:*

Es el estudio de la distribución (separación entre letras, palabras y líneas), disposición (estudio de los márgenes) y proporción (equilibrio entre zonas) que presenta el escrito.

~ *Significación Psicológica*

Orden, Organización, Planificación mental y capacidad para la Adaptación social.

Dimensión

~ *Definición Grafológica*

Es el tamaño de la escritura, de acuerdo a su altura y anchura.

~ *Significación Psicológica*

Autoestima e impulso vital

Forma

~ *Definición Grafológica*

Es el dibujo realizado para la construcción de las letras. Pueden predominar en las mismas: las curvas, los ángulos o las rectas.

Nivel de cultura. Modo de mostrarse ante el mundo. Expresa el Sentimiento, el manejo de las emociones y el grado de sensibilidad.

La escritura recta o angulosa, responde a persona pensante, analítica, reflexiva y poco emocional.

La curva, es de los caracteres más afectivos, espontáneos y naturales.

Movimiento

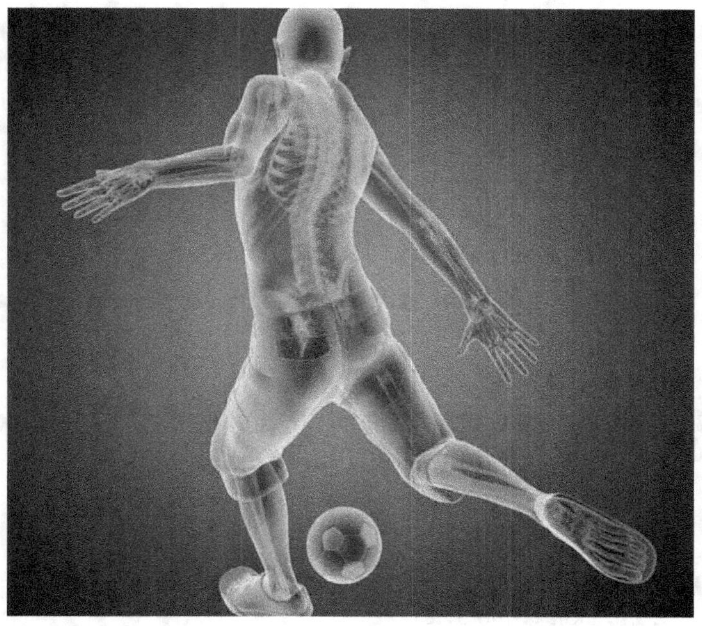

El escrito debe tener movimiento, los géneros que lo abarcan son: Velocidad, Dirección, Inclinación, Presión, Continuidad

Velocidad

~ *Definición Grafológica*

La rapidez o lentitud con que se realizan los movimientos gráficos.

~ *Significación Psicológica*

Rapidez mental, actividad, temperamento.

Dirección

~ *Definición Grafológica*

La trayectoria que siguen las líneas del renglón. Se ve si es paralela o no a los bordes superior o inferior de la hoja.

~ *Significación psicológica*

Estabilidad emocional, la fuerza que posee el sujeto para luchar contra los obstáculos del medio y el nivel de ambiciones

Inclinación

~ *Definición Grafológica*

Desviación de la escritura del eje vertical. Puede dirigirse hacía la izquierda o hacia la derecha.

~ *Significación Psicológica*

Aptitudes para el contacto humano. Grado de introversión-extroversión. Necesidad de comunicación con los otros.

Continuidad

~ *Definición Grafológica*

Estudio de la cohesión, regularidad y variabilidad que presenta el grafismo.

~ *Significación Psicológica*

Constancia y perseverancia en las acciones, vínculos y proyectos.

Presión

~ *Definición Grafológica*

La fuerza del grafismo según la tensión, profundidad, el peso y el relieve de sus rasgos.

~ *Significación Psicológica*

Nivel de energía libidinal y salud psicofísica.

Los **test** que se trabajaran en los próximos capítulos, por su forma de administración requerirán de la grafología emocional, entre otras herramientas, para su interpretación.

Por ello, se estudiarán algunos de los lineamientos que marcó Curt Honroth, quién le dio forma a la teoría y la técnica.

Grafología emocional

La grafología emocional fue conceptualizada por Curt Honroth, quien se iluminó en los hallazgos del grafólogo Rafael Schermann.

Honroth, en su libro "Grafología emocional" la define como: "el estudio de los accidentes gráficos escriturales (lapsus calami), debidos a alteraciones emocionales circunstanciales o dominantes del sujeto".

Dice Mira y López: "la grafología ha de ser considerada como un valioso auxiliar del psicotécnico. El estudio sistemático de las peculiaridades de la escritura permite reconocer numerosas características personales, que condicionan su posible rendimiento en el campo del trabajo. Asimismo es posible descubrir, mediante el análisis grafológico, tendencias positivas y negativas que son difíciles de investigar por otros medios"

Todo movimiento gráfico tiene que ver con las peculiaridades del escritor, si es simple se lo toma como un gesto natural en pos de la acción. Si son complejos (ej. Espirales, etc.), nos hablan de una persona que complica hasta las cosas más simples de resolver.

Los trastornos psíquicos o físicos, alteran la continuidad del trazo, lo que Honroth llama impulso de letra frustrado.

Rasgos gráficos positivos

Honroth sostiene que hay un *impulso de letra o palabra normal*, cuando no existen anomalías en la continuidad de la escritura.

También es importante que se de lo que él llama *ligadura inmaterial directa*: "cuando el final de una letra sigue su trayectoria recta en pos del ajustamiento inicial de la siguiente. Tal conexión invisible indica un alto nivel de madurez escritural. Revela la capacidad de llevar ideas y proyectos adelante". (Honroth).

La *Presión*, habla de la energía vital de la persona, el escrito debe ser continuo en cuanto a la cantidad de tinta utilizada en los diferentes trazos.

El respeto de la *separación de letras y palabras*, es importante de tener en cuenta. Hablar de una distancia normal, habla de orden, organización y de saber ocupar el espacio propio, respetando el ajeno.

La Dirección: el grafismo se sostiene sobre la línea del renglón horizontal, muestra que puede aprovechar la energía necesaria para lograr una sensatez entre su mundo externo e interno. Responde a una persona emocionalmente estable.

Un escrito con predominancia de características positivas, se da si posee un *buen manejo del espacio* (correcta separación de letras, palabras y líneas, márgenes respetados, buena proporción de partes, dimensión normal), *Formas* bien ejecutadas, con legibilidad. Con *Movimiento,* que le dé naturalidad al escrito, pero sin perder la forma. *Presión* buena, con tensión y profundidad, que lleven a un relieve alto.

Rasgos gráficos negativos

Se debe tener en cuenta cualquier alteración en el grafismo, en cualquiera de los géneros estudiados: orden, velocidad, presión, dimensión, inclinación, forma, dirección, cohesión, etc.

Dice Honroth que hay una ley fundamental: *"si titubea la mente, tiembla la mano.* Cualquier choque emotivo altera la modulación de la letra, la arquitectura gráfica".

Un problema emocional modifica la organización de la escritura, expresando de este modo un conflicto no resuelto.

Los rasgos gráficos más importantes a detectar son: Temblores, retoques, agregados, puntos accidentales, trazos superpuestos, lapsos de cohesión, torsiones, adosados, brisados; letras: caídas, inconclusas, cegadas, empastadas, rebajadas, repetición de letras, sílabas o palabras, errores gramaticales. Inflaciones.

~ *Temblores:* bamboleo del trazo por un vaivén del pulso.

~ *Retoques:* son correcciones que se producen una vez escrita la letra o la palabra, se lo ve como un acto fallido.

~ *Agregados:* trazos incomprensibles, rasgos incorporados que la caligrafía no los pide.

~ *Puntos accidentales:* coloca puntos en cualquier lado del papel, sin un sentido.

~ *Trazos superpuestos:* se chocan las partes que bajan con las que suben.

~ *Lapsos de cohesión:* dentro de una misma palabra se da un alejamiento excesivo entre dos letras, que modifica el ritmo con el cual se vienen dando las separaciones.

~ *Torsiones:* trazos que debieran ser rectos, se hacen torcidos.

~ *Adosados:* pegar dos letras como si fueran parte una de otra.

~ *Brisados:* interrupciones en la trayectoria de la birome, queda cortado el fluido de la tinta en alguna parte.

~ *Letras caídas:* del renglón sin motivo aparente.

~ *Letras cegadas:* óvalos llenos de tinta.

~ *Letras empastadas:* letras sucias, llenas de tinta.

~ *Letras rebajadas:* mayúsculas, plenos y perfiles superiores e inferiores, de altura y largo menor a lo esperado.

~ *Repetición de letras o palabras:* hacer varias veces la misma letra o palabra antes de continuar con la siguiente.

~ *Errores gramaticales:* en personas que han sido escolarizadas. Como reflejo de falta de atención y concentración.

~ *Inflaciones:* engrosar excesivamente partes de la letra, por ejemplo las hampas o jambas.

~ *Zonas gráficas:* la trasformación grafica se da en aquella zona donde el sujeto se siente con necesidades insatisfechas. Tratan de tapar el conflicto (cuando se exageran en tamaño).

Palabras reflejas

Honroth habla de las *palabras reflejas:* "son aquellas que por presentar una o varias alteraciones sea en el ritmo, en la forma, en la presión, en las repeticiones u omisiones de letras o palabras, delatan una emoción fugaz e inconsciente del autor, originada por asociaciones que en él esta misma palabra genera, y cuyo sentido emocional está en íntima relación con sus problemáticas circunstanciales o dominantes".

"Cada palabra refleja contiene una carga emocional, que según el caso amplifica o reprime la expresión gráfica individual, alterando la morfología de la escritura" (Honroth).

Cuando se estudia una escritura, se deducen rasgos de personalidad del escribiente. Esto es posible por que escribir es una muestra de conducta de la persona. Al analizar la escritura, se está analizando la conducta de quien escribe. Las conductas son las que muestran lo que uno es y cómo es.

La escritura está compuesta de diferentes gestos gráficos, estos gestos son la representación simbólica involuntaria e inconsciente más genuina de la personalidad.

Se dan motivos inconscientes que hacen que una persona escriba algunas letras, palabras o frases de forma diferente a la que se viene dando en su escritura, alterando el orden, la dimensión, la inclinación, la forma, la presión, la dirección, la cohesión, la velocidad.

Estas son las llamadas palabras reflejas, que se observan en el grafismo como algo agregado, arreglado, se hallan relacionadas con el momento psicológico de quien escribe.

La importancia depende de la forma o tamaño o presión en que ha sido alterada.

Si ha sido la *dimensión* agrandada, está en juego su autoestima, quiere que lo vean seguro de sí. Si se *achica*, es la baja autoestima con respecto al simbolismo que detenta esa palabra.

Si es la *inclinación*, se relaciona con la necesidad de acercamiento o alejamiento con los demás, es donde se tiene el conflicto.

Si es la *dirección,* la dificultad está en la inestabilidad emocional que está perturbando a la persona.

Si es la *presión*, está en la alteración de la energía, que produce la palabra en cuestión.

Si es la *velocidad,* es que esa palabra está dificultando la rapidez de solucionar las cosas, o el querer sacarse el problema inmediatamente de encima.

Si es la *forma,* puede estar mostrando la disconformidad del sujeto con la manera en que se está mostrando en sociedad, o por la forma como siente que es visto por los otros.

Si es el *orden,* en la organización, planificación de tareas, en las pautas de adaptación social.

Si es la *cohesión*, en la constancia o la perseverancia para llevar adelante proyectos o relaciones.

La interpretación debe tener en cuenta tanto el significado de la palabra en la que aparece deformación, como el significado de la alteración grafológica.

"El estímulo psíquico es el que nos interesa. En el conjunto del texto que el sujeto está escribiendo, una palabra dada (vinculada a cosa, situación, etc. A que el texto se refiere) evoca en él asociaciones de ideas y procesos emotivos en íntima relación con sus preocupaciones. Tales procesos movilizan cargas afectivas que a su vez excitan el sistema nervioso central y dan origen a la consiguiente descarga motora periférica que afecta la ejecución escritural de la palabra en cuestión". (Honroth)

"Se trata, pues de un verdadero reflejo: palabra – asociación con problemas íntimos – liberación de carga afectiva – descarga por la mano – alteración del ritmo o la morfología de dicha palabra escrita. En su carácter de acto reflejo, todo este proceso es inconsciente". (Honroth).

Palabras estímulo

Honroth crea una técnica para trabajar estos conflictos a través de lo que él llama *Palabras estímulo:* que son palabras o frases dictadas por el examinador, que tienen relación con la palabra alterada.

Son términos o enunciados que tienen una significación emocional para el examinado y se le dictan, para provocar a que el sujeto perturbe las mismas sobre el papel. De esa forma, permite diagnosticar donde se tropieza con el conflicto de esa persona.

Esas palabras o frases dictadas están ligadas al contenido emocional perturbador, que pueden incitar nuevas molestias en el escritor, que van a permitir diagnosticar donde está lo que hay que trabajar con esa persona.

"Podríamos considerar los accidentes gráficos y las palabras reflejas, como adoquines aislados en el sendero que conduce del inconsciente a la consciencia" (Honroth).

El cerebro maneja el cuerpo, la palabra en cuestión es asociada por el sistema límbico a sucesos vividos en la historia del sujeto en cuestión, esto genera una emoción concomitante, que produce una reacción que es transmitida desde cerebro hasta la mano, lo que desemboca en la perturbación gráfica. La emoción es la causante de la distorsión que se produce en la escritura.

"Mediante la pluma, prolongación de la mente y órgano ejecutor de la voluntad, el hombre proyecta gráficamente sus sentimientos, emociones e ideas sobre el papel. Pero al mismo tiempo y sin percatarse de ello, libera una especie de lastre psíquico emocional inconsciente, de cualquier índole". (Honroth).

Dominio de las emociones al escribir

"Cada escritura tiene una fisonomía propia, un determinado rostro individual. Pero también puede decirse que cada expresión gráfica tiene dos personalidades: la común, a la vista de todos, y la escondida. Es precisamente la segunda, la que por medio de los accidentes gráficos y las palabras reflejas revela lo íntimo del espíritu humano al hacer aflorar lo inconsciente" (Honroth).

"Debemos considerar la escritura como expresión de emociones, tendencias y energías que en forma de vibraciones han quedado grabadas sobre el papel" (Max Pulver).

El inconsciente se expresa proyectando lo que se siente sobre él papel, el yo mueve las defensas para evitar los contenidos que puedan generar angustia o ansiedad a la consciencia.

El inconsciente se pronuncia a través de síntomas, sueños, actos fallidos. Las palabras reflejas actúan como actos fallidos, y pueden ser trabajados para poder ser interpretados.

"Nuestro inconsciente, al escribir, ya sea por sugerencia o por asociación libre, dibuja y diseña su contenido" (Honroth).

Se aprende a escribir al reproducir un modelo caligráfico, después de la adolescencia se va modificando, lo que hace a la escritura más personal, apartada del modelo caligráfico.

"Podríamos decir que la grafología empieza donde se inicia la anticaligrafía. Tal gesto inconsciente de expresión, que refleja la personalidad del que escribe, es llamado por Klages imagen conductual individual" (Honroth).

Un rasgo gráfico puede intensificarse o atenuarse según el contexto de escritura en el que se exprese. Se debe entender la parte en relación con el todo (Gestalt).

"Los lapsus de la expresión gráfica tienen su origen en ambivalencias y nos hablan de duda, vacilación, inseguridad, temor, que provocan puntos o trazos incoherentes, retoques, correcciones, garabatos, presión esporádica, torsiones, trazos quebrados, cortes en la fluidez motriz, desvíos, temblores, brisados, letras caídas o incoherentes, omisiones, repeticiones, cambios bruscos del grado de inclinación, del tamaño, etc, en síntesis cualquier anomalía escritural". (Honroth).

Un accidente en el grafismo, se da cuando a nivel consciente el sujeto se siente forzado por deseos inconscientes que buscan salir, lo que se convierte en una exigencia interna que se refleja en la conducta. La asociación de la palabra o frase escrita con un contenido emocional perjudicial repercute en él cerebro, quien envía a la mano la orden haciendo equivocar el recorrido de la escritura.

"La grafología emocional es una especialidad grafológica, destinada en primer término al estudio de las emociones del ser humano ya sean estas normales o patológicas. Investiga la capacidad del individuo de controlar en mayor o menor grado sus emociones en sentido positivo o negativo, factor de suma importancia para el desenvolvimiento del hombre en la vida cotidiana" (Honroth).

La grafología emocional es una importante herramienta, que puede ser aplicada en cualquiera de las especialidades de la grafología.

Ejemplo

Respecto a mis deseos personales, mas alla del
interes, es demostrar a las personas correctas lo que
buscan de mi, en encontrar lo que busca
y cumplir los ideales propios en el ambito
laboral, ya que soy muy servicial al momento de estar con clientes, en que este no sienta qu
sola le estoy brindando un bien, sino que se
lleva algo mas. Respecto a lo ultimo dicho,
creo tener la etica laboral y personal que hace
undir no veo o siento. Lo que quiero ofrecer es
la mejor de mi persona y mi etica propia
y laboral ya que "deseo" esto como profesion

Espacio

Orden

No hay buen manejo espacial, separa entre letras, aunque de manera cambiante, concentrada entre palabras y líneas. El texto ocupa mucho espacio de la hoja.

No hay respeto de márgenes. No hay proporción entre zonas.

Un tanto desorganizado, con dificultades a la hora de tener que planificar para actuar. Le cuesta adaptarse a pautas y reglas sociales. Falta equilibrio emocional. Un tanto egoísta, con deseo de ser tenido en cuenta y contar con privilegios personales, dando poco a cambio

Dimensión

Mediana, buna autoestima, con mucho impulso para la realización de cosas

Forma

Predominan los movimientos curvos, con guirnaldas, algunos bucles. Se trata de una persona sociable, extrovertida, comunicativa, agradable para relacionarse, sabe decir lo que el otro desea escuchar, aunque no siempre sea sincero lo expresado. Desea ser visto como alguien que se vincula con facilidad.

Movimiento

Velocidad: tendencia a rápida, con algunos rasgos moderados. Rapidez mental, capta las cosas enseguida, el rendimiento no siempre es el óptimo, debido a que pierde un tanto de efectividad.

Dirección: ascendente. Optimista, seguro y decidido. Emprendedor con altos ideales, que muchas veces lo frustran cuando no logra ver plasmados sus deseos en la realidad.

Inclinación: a la derecha. Sociable, comunicativo y con facilidad para relacionarse con los demás. Tendencia a la extroversión.

Cohesión: agrupada, con lapsos de cohesión. Puede pensar, pero tiende a manejarse por intuición. Hay situaciones que no puede resolver y lo angustian al punto de frenarlo

Presión: la tensión y profundidad son medianas, el peso nutrido y el relieve es bajo. Tiene muchos deseos de emprender proyectos, pero por momentos carece de la energía suficiente para llevarlos adelante.

Grafología emocional

En los primeros cuatro renglones remarca la palabra "buscan", "busca". Si se lee la frase, ésta destacando querer demostrar a las personas correctas lo que "buscan" de mí, en encontrar lo que "busca" y cometer los ideales propios en el ámbito laboral.......

Lo que pone en duda el fallido es el deseo de lograr demostrar lo que buscan de él y el poner en práctica los ideales propios laborales.

En los últimos tres renglones. Tiene lapsos de cohesión en la palabra "ética" "propia", "profesión", subraya la palabra deseo.

Ésta diciendo en la frase: lo que quiero ofrecer es lo mejor de mi persona y mi "ética" "propia" y laboral ya que "deseo" esto como "profesión".

Los fallidos vuelven a hacer dudar de que quiera ofrecer lo mejor de su ética propia y que desee realmente este trabajo como profesión.

La *grafología emocional* pone al descubierto, lo que uno no quiere decir o mostrar, es decir el aspecto más inconsciente de la personalidad.

Freud decía que lo que no se puede expresar con palabras, saldrá de alguna manera por cada poro, como gesto, acto fallido, expresión facial o en este caso escrita.

Honroth, decía cuando titubea la mente, tiembla la mano, allí se produce la palabra refleja, que denota lo que pasa a nivel inconsciente.

CAPÍTULO 5

Test desiderativo (Versión grafológica)

Jaime Bernstein

Argentino, Profesorado de Pedagogía (1942), recibido en UBA con diploma de honor. Se especializó en Psicología. Fue Director la carrera de Psicología en la Universidad del litoral (hoy Universidad de Rosario). Codirector de Editorial Paidós.

Antecedentes de la técnica

Los psiquiatras Pigem y Córdoba en 1946, preguntaban ¿qué le gustaría ser si tuviera que volver al mundo no pudiendo ser persona?.

Jaime Bernstein toma esa consigna y la modifica agregando otras preguntas, haciendo 6 en total, con tres de aceptación y tres de rechazo. Son diferentes estímulos para evaluar la angustia de muerte a nivel inconsciente y las defensas que posee el sujeto para estructurarse ante la misma.

En el caso de tomarlo en niños, se toma una adaptación de Van Krevelen, que modificó la consigna para no enfrentar al niño abruptamente con la idea de muerte.

Usa una consigna que dice: "Si viniese un hada que con su varita mágica y podría transformar a un niño en lo que a él le gustaría ser, ¿qué te gustaría ser a vos?. Podes pedirle lo que quieras. Luego incluyó el ¿por qué querrías ser eso?.

Luego preguntaba al niño: ¿en qué no querrías que te transformara el hada?, ¿por qué?

Objetivo

Al tener que elegir por diferentes elecciones no humanas, se estudia el proceso de identificación y desidentificación.

Permite estudiar ansiedades, angustias y defensas ante la pérdida del yo, la autoimagen, la imagen corporal, autoestima, las identificaciones, la elaboración de duelos, la tolerancia ante las frustraciones, entre otros ítems.

Fundamentación teórica

Es una técnica que tiene en cuenta el contenido simbólico de las respuestas. Las teorías de Adler, Freud, pero fundamentalmente Melanie Klein, le dan sustento a esta práctica.

En las elecciones realizadas hay mecanismos de desplazamiento, condensación, proyección, disociación, evitación, aislamiento, etc.

En las positivas, el sujeto realiza una identificación no humana, con un objeto que por algún motivo lo representa y lo elige como respuesta. Se identifica con los aspectos buenos del objeto, que representa lo que el examinado más valora de sí mismo.

En las negativas, el sujeto identifica objetos del mundo externo, que tienen las cualidades que más rechaza en sí mismo, los toma y los da como respuesta.

Cuanto más sano es el sujeto, mayor posibilidad de simbolización e intelectualización, interviene en mayor medida el proceso secundario, es decir analiza mejor lo que responde.

A mayor patología, aumenta el proceso primario, es decir, responder sin pensar lo que dice. Hay menor distancia con los objetos elegidos, hasta dificultades para elaborar respuestas.

Administración

La consigna consiste en 6 preguntas: 3 positivas de aceptación y 3 negativas de rechazo.

Es importante tener en cuenta el tiempo de reacción en cada pregunta, que es el que media entre que se da la pregunta y se emite la respuesta. El tiempo esperable es entre 10 y 30 segundos.

Para poder aplicar la *Grafología* al análisis tradicional del test, se pide al sujeto *contestar por escrito las respuestas*.

Se puede dar un protocolo previamente impreso con las preguntas, dejando el espacio para que el examinado pueda contestar.

También se le puede dictar desde las preguntas y que escriba las respuestas.

Preguntas de aceptación:

~ ¿Qué es lo que más te gustaría ser, si no fueras una persona?, ¿Por qué?

~ ¿Qué es lo que más te gustaría ser si no fueras una persona, ni lo elegido en la primera elección? (si lo elegido es un animal cualquiera, se le quita la posibilidad de animales, si fuera una planta se le quitan los vegetales, si es un objeto se le quitan los objetos, etc.), ¿Por qué?

~ ¿Qué es lo que más te gustaría ser si no fueras una persona, ni lo elegido en la primera elección, ni lo elegido en la segunda? (con el mismo criterio anterior), ¿Por qué?

Preguntas de rechazo:

~ ¿Qué es lo que menos te gustaría ser, si no fueras una persona?, ¿Por qué?

~ ¿Qué es lo que menos te gustaría ser si no fueras una persona, ni lo elegido en la cuarta? (mismo criterio de las de aceptación, se elimina toda la posibilidad), ¿Por qué?

~ ¿Qué es lo que menos te gustaría ser si no fueras una persona, ni lo elegido en la cuarta, ni lo elegido en la quinta?. ¿Por qué?

Todo detalle extra a la respuesta es importante, se puede preguntar lo necesario para especificar en todo lo posible cada contestación.

En el caso que el sujeto no pueda responder, se trata de estimularlo. Si continúa sin responder, se puede inducirlo llevándolo a la posibilidad de preguntarle: ¿Si no pudiera ser persona, pero pudiera elegir entre animal, vegetal u objeto, que preferiría ser?. Si contestó, se sigue con el protocolo normal.

Las incitaciones se las realiza en todas las preguntas que se considere necesarias. Hay casos en donde elige siempre en el mismo reino; que no responda a las positivas, pero si a las negativas, o viceversa. Cuando hay varias elecciones en la misma respuesta, las respuestas de contenido abstracto, que dé respuestas humanas, etc.

Generalidades

En base a las contestaciones de lo aceptado y rechazado de sí mismo, se pueden ver los aspectos valorados y destacados, así como los rechazados y escondidos de su persona.

Las respuestas son dadas de acuerdo a las características de personalidad, de cada examinado.

El mismo objeto puede ser elegido por diferentes personalidades, pero la diferencia va a estar dada por la racionalización de la respuesta.

Un TOC va a buscar la utilidad de los objetos, una personalidad con pánico o fobias ira a la posibilidad o no de escapar de los peligros, una persona con trastorno histriónico hará referencia a lo estético de la elección. Una personalidad antisocial elegirá en función de someter o atemorizar a los demás. Una depresión mayor, algo que pueda ser cuidado y protegido.

Un yo fuerte se reforma, da respuestas interesantes y explicaciones positivas.

Un yo débil, da respuestas muy triviales, puede no dar contestación o dar algunas que no puede justificar adecuadamente.

Los conflictos mayores aparecen en las negativas y en las positivas las defensas que utiliza para enfrentarlos.

Se puede seguir una secuencia para manejarse en la vida, por la forma en que va pasando de una respuesta a otra.

Por ejemplo, si en la primera respuesta busca llamar la atención, en la segunda la evitación y en la tercera la racionalización.

Ese es su modo de actuar ante las situaciones que vive, primero busca seducir, luego pierde seguridad y trata de escapar de la situación y luego busca argumentos lógicos para ser aprobado en su decisión.

Si la primera defensa no le resulta eficaz, va a aparecer la segunda, en una secuencia que la va a mantener cada vez que actúe.

El tiempo de reacción marca lo que necesita para reponerse del sacudón, que le produjo la consigna.

Si tarda menos de 10 segundos, habla de una personalidad con trastornos de ansiedad, que no puede esperar para pensar.

Si tarda más de 30 segundos, necesita su tiempo para tomar decisiones, las analiza con detalle, pero le cuesta llevarlas adelante.

Lo que se espera es que el tiempo sea un poco mayor en la primera y la cuarta, que son las preguntas que lo ponen ante lo nuevo, luego se supone que ya ésta interiorizado de la técnica y le resulta más fácil la respuesta. Si no pasara de esa manera se debe estudiar que paso en cada caso.

Yo Fuerte

Puede sobreponerse al impacto de la consigna. A medida que avanza la prueba, disminuye la ansiedad que le produce la consigna, que Klein llamaría persecutoria.

Busca respuestas centradas en una identidad no humana y la racionaliza. No se siente aniquilado por la consigna.

Significación Psicológica

Un yo fuerte sabe lo que quiere, hacia donde va, está seguro que puede enfrentar y solucionar los problemas que la vida le plantea.

La persona:

~ tiene energía psíquica, fuerza interior para satisfacer sus necesidades y deseos.

~ responde a las exigencias que le demanda la vida, adaptando su conducta a la realidad.

~ tiene resistencia ante las adversidades y capacidad para reaccionar frente a éstas.

Yo débil

Elige objetos débiles, inconsistentes. Le es más fácil discriminar lo que rechaza que lo que acepta. Le cuesta tomar decisiones y centrarse en una elección clara y concreta. Las descripciones muchas veces no hacen a la esencia de lo elegido. Puede tener un bloqueo y no poder elegir. En las negativas suele destacar el hecho de no ser valorado por los otros.

El tiempo de reacción puede ser muy corto o muy largo.

Significación psicológica:

La persona:

~ tiene fuerza insuficiente para tomar decisiones de manera autónoma, para enfrentar y resolver situaciones por sí mismo, para gratificar necesidades y deseos.

~ tiene insuficiente fuerza física, mental o volitiva que engendra el sentimiento de impotencia.

~ está dominada por sus impulsos, por sus conflictos o por los otros. De ese modo, no puede adoptar una conducta madura frente a la realidad.

~ se caracteriza por rasgos de inmadurez, inseguridad, baja autoestima.

~ es influenciable, inseguro, se desanima fácilmente, tiene poca resistencia para hacer frente a la presión de los otros e inclusive para hacer frente a sus propias inclinaciones.

Interpretación

Las respuestas y justificaciones positivas investigan las defensas más sanas, con las que el sujeto se defiende de las amenazas de la vida.

Las respuestas y explicaciones negativas, muestran que pasaría con esa persona si las defensas de las positivas fracasan.

Primera pregunta

Debe lograr reponerse del impacto que le produce la consigna, pidiéndole que se aniquile como persona. Tiene la posibilidad de elegir entre animal, vegetal u objeto. Se espera que logre valorizar su mundo interno, tomar el aspecto que más destaca en sí mismo, asociarlo con algo del mundo externo y darlo en su respuesta.

Esta en juego la posibilidad de trascender, es lo que más valora y defiende y no quiere perder.

Luego de la elección entra en juego la racionalización de la respuesta, podrá hacerlo en la medida que logre disociarse de la angustia de muerte que se le propuso y tomar el test como un juego de elegir "Cómo sí". Allí pone en juego la posibilidad de utilizar el proceso secundario, arma sus defensas y logra reestructurarse.

Si aparecen inconvenientes para dar respuesta o racionalizarla, da muestras que seguramente actúa con proceso primario y no puede separarse de la idea de muerte que propone la consigna.

Segunda pregunta

Es otro duelo al quitarle el área del objeto elegido con anterioridad. Se espera que vuelva a rearmarse, para poder seguir con la siguiente consigna.

Hay nuevos intentos de defensa y rescate de aspectos yoicos valorados.

Tercera pregunta

Cuando logra reponerse y responder a las tres consignas, con los duelos que conllevan, ha podido seleccionar objetos y explicar el por qué? de manera adecuada, estamos ante un yo fuerte que se repone a las perdidas, utiliza defensas adecuadas y sabe cómo enfrentar situaciones de vida sin grandes inconvenientes.

Cuarta pregunta

Vuelve a aumentar la angustia, ya que se lo pone en contacto con sus aspectos más temidos, bucear en el mundo interno y ponerse en contacto con esa cualidad rechazada, localizar un objeto en del mundo externo que la represente y elaborar la respuesta.

Se pone frente a sus puntos débiles, frente a lo que no desea ver de sí mismo y contra lo que debe luchar. Se suele proyectar en el otro muchas veces, lo que uno rechaza en sí mismo.

Acá vuelve a contar con todas las posibilidades, en cuanto a que puede tomar objetos de cualquiera de los tres reinos.

Da indicios de los aprendizajes realizados y la posibilidad de capitalizar o no las experiencias de vida.

Quinta pregunta

Muestra hasta donde resiste lo temido.

Sexta pregunta

Si contesta bien las negativas es de buen pronóstico. Es una persona que se concientiza de las dificultades, de los conflictos, que puede tolerar y sobreponerse a las frustraciones.

Lo esperable es una respuesta de cada reino en las positivas y una de cada reino en las negativas, en forma espontánea.

Un tiempo de reacción que medie aproximadamente entre 10´´ y 30´´, considerando que los tres reinos son: animal, vegetal y objeto inanimado.

La consigna moviliza ansiedades y culpa persecutoria y depresiva. Si se siente atacado por la prueba surge lo persecutorio, con sensación de ir perdiéndose.

Si el examinado reconoce que la consigna no ataca su yo, sino el vínculo con los objetos, moviliza ansiedad y culpa depresiva.

En esos casos va a ser difícil la elaboración de duelos.

El símbolo se lo ve desde un punto de vista sintáctico y semántico, si lo relacionamos con la racionalización que realiza él examinado.

Una respuesta decidida, que no duda y responde a alguna de las tres categorías (animal, vegetal, objeto), es la esperada y responde a una buena estructuración en el yo.

Una respuesta malograda, por bloqueo, obstáculo de escoger un símbolo, repitiendo la clase elegida, una elección de un símbolo antropomórfico que no concuerde con lo solicitado. Son típicas de un yo débil.

Luego se interpreta la racionalización de cada respuesta positiva y negativa. Es importante estudiar las frases que se utilizaron para explicitar las respuestas. Es significativo que las respuestas sean acordes a las características principales de los objetos elegidos. Ejemplo "un león porque es lindo", no sería la cualidad esencial del león.

Tener en cuenta la calidad del relato. Lo que se pide es un argumento, pero se dan casos donde salen circunstancias narradas. Se debe tener en cuenta los diferentes sentidos de una misma palabra ya que eso puede variar la interpretación.

Mecanismos de defensa

La prueba pone en contacto con las defensas que el examinado utiliza para enfrentar la vida.

La prueba trabaja todo el tiempo sobre:

Identificación proyectiva: los objetos elegidos representan algo del mundo interno del sujeto.

Identificación introyectiva: para encontrar un objeto externo, se debe bucear antes en el mundo interno.

Regresión: se recurre a vivencias con animales u objetos, que mueven emociones a ellos ligadas y producen las respuestas. "Un gatito, porque le dan de comer"

Represión: elecciones con alto contenido simbólico. "Una rosa, por el color atrayente y porque es admirada por los que la miran"

Anulación: cuando se eligen los mismos objetos en las positivas y negativas. "Positivas: Un perro por lo fiel. Negativas: un perro porque depende de su amo"

Disociación: cuando se tocan lo más idealizado y lo más persecutorio. "En las positivas un león por la fuerza para cazar. En las negativas, un bambi porque lo matan los animales más fuertes".

Desplazamiento: las respuestas permiten desplazar cualidades propias en los objetos elegidos.

Evitación: objetos que permiten alejarse, escapar rápido de los lugares. "Un auto que pueda recorrer diferentes sitios". "Avión para volar"

Aislamiento: objetos que carecen de sentimientos. "Una computadora que posee información, que puede resultar interesante"

Sublimación: buenas racionalizaciones, donde existe movimiento y aspectos positivos de los objetos. "Un coche por que es útil para trasladarse, llevar cosas, ir cómodo"

Formación reactiva: animales o vegetales que sean útiles. "Un ovejero alemán porque sirve para ser guardián"

Respuestas de acuerdo a las patologías

Positivas

Manía: niegan la posibilidad de morir, buscan objetos que permanecen en el tiempo. "Un disco de pasta"

Depresión: objetos pasivos, que puedan ser cuidados. "Un pajarito en una jaula, porque se ocupan de él"

TOC: elige lo ventajoso, lo ordenado, lo limpio, lo que es útil, sin afecto. "Teléfono celular, porqué tiene mucha información que necesito".

Trastorno histriónico: lo que atrae y seduce. "Una violeta por el color atrayente"

Fobias: algo que permite evitar las situaciones, alejarse, moverse con libertad. "Avión para volar"

Esquizoides: buscan distancia, mirar la vida desde lejos, objetos carentes de afecto, que no se rompan. "Aguila, que ve el mundo desde arriba"

Trastorno antisocial: objetos que ejercen poder, que dan miedo o generan sumisión. "Un león porque todos le temen"

TOC: no le gusta que aparezca el caos, el desorden, la suciedad, la rutina. "Un cerdo porque es sucio"

Fobias: temor a quedar paralizado. No tener raíces. Objetos que no se muevan por sí mismos. "Un árbol, porque no cambia de lugar"

Esquizoide: temor a quedarse sólo, manoseado, que le hagan daño. Objetos que puedan ser suprimidos. "Una servilleta de papel, porque la tiran después de usarla"

Depresivos: objetos que dañan, arruinan. "Un pitbull porque es agresivo"

Trastorno histriónico: rechazan cosas que no llamen la atención, que sean feos. Lo frío. "Una roca porque es fría"

Grafología

Tener en cuenta lo visto en el capítulo sobre Grafología. Ver en las respuestas, las palabras reflejas que surjan.

Son las palabras que presentan diferencias con respecto a la forma de escribir natural que tiene la persona. Puede deberse a achicarlas, agrandarlas, remarcarlas, cambiar su inclinación, su forma, su presión, la cohesión, o que presentan alguna anomalía que llame la atención y la hace diferenciarse del resto del escrito. Puede ser una palabra en particular o más de una.

Esa o esas palabras diferenciadas, están denotando alguna conflictiva emocional, con el contenido de lo que esa palabra representa para el sujeto.

Por algo el sujeto dudo en esa y no en otras, es que algo interno le movilizó.

Dará significación a la interpretación natural del test a través de análisis del contenido y la racionalización de cada respuesta.

Pasos para la Evaluación

~ Estudiar el tipo de respuesta dada y su contenido simbólico.

~ Analizar los mecanismos utilizados.

~ Buscar las palabras reflejas, que dan índices de conflictivas inconscientes

~ Se compara el simbolismo de la respuesta dada, con la anomalía observada en la escritura

~ Deducir las características, que el sujeto considera más destacadas (positivas) y las más conflictivas (negativas).

~ Relacionarlo con las anomalías gráficas estudiadas.

Desiderativo vocacional (ADOV)

Hay una versión diferente para aplicarla en Orientación Vocacional, varían las preguntas por la desestructuración que produce la consigna, que no aporta al panorama de la orientación

Objetivo:

Investigar las figuras de identificación en las elecciones de los adolescentes.

Características:

El ADOV es un ajuste del test desiderativo clásico. Permite concebir la calidad de las identificaciones, que luego repercuten en la identificación ocupacional.

La *Identidad ocupacional:* es la autopercepción del examinado en cuanto roles ocupacionales.

Ésta compuesto por cuatro preguntas de carácter positivo, que llevan al pasado, al presente y al futuro, en función de identificaciones hechas por la persona en su vida.

El entrevistado se conecta con aspectos identificatorios valorados y poco estimados de su mundo interno y proyección de los mismos en personas que los representen.

Consigna

~ Quién te gustaría ser, si no fueras quién sos?, por qué?

~ Qué persona de la antigüedad te gustaría ser?, por qué

~ Qué persona te gustaría ser del sexo opuesto?, por qué?

~ Qué persona te gustaría ser dentro de 50 años?, por qué?

Análisis de la prueba

Consigna 1: muestra coincidencias y/o disconformidades que siente en relación a la temática vocacional- ocupacional.

Consigna 2: lo saca del presente para llevarlo al pasado. Lo conecta con sus ideales reflejados en alguna figura significativa para él sujeto.

Consigna 3: lo lleva a pensar en su complemento, lo que lo completaría. Lleva a proyectar sus valores en alguien del otro sexo, en búsqueda de lo que cree que le falta

Consigna 4: lo proyecta al futuro, pensado en identidad ocupacional. Se estudia si tomo el modelo de sus padres o ideales individuales y colectivos. Lo lleva al ideal del yo, el ideal al que aspira conscientemente.

Interpretación

Identificación e identidad: se ven las identificaciones conscientes e inconscientes del examinado.

De lograr integrar las identificaciones dependerá el logro de la identidad (lograr un sentimiento de mismidad y continuidad a pesar de los cambios), llegar a responder la pregunta sobre "quién soy yo".

Identidad ocupacional: es un aspecto de la identidad, no encontrar la profesión ocupación tiene que ver con la dificultad de poder contestar al ¿quién soy?, debido a que si no se sabe quién es, no se puede saber que se quiere.

Identificación con el grupo familiar: conocer la percepción que tiene del grupo familiar, de las ocupaciones y los valores que rescata de la familia.

También tener en cuenta la propia problemática vocacional de los miembros del grupo familiar.

Identificaciones con el grupo de pares: los valores del grupo de pares son muy importantes a esa edad. Es importante conocer si esos valores coinciden o se oponen a los familiares.

Identificaciones sexuales: lograr identidad sexual implica aceptar los roles del propio sexo y dejar a un lado los del otro. Se debe aceptar el duelo por lo que uno no es.

Los padres influyen en el sujeto de acuerdo a sus deseos y sus propias experiencias. Al nacer uno ya tiene una identidad, un nombre, un sexo.

Identidad ocupacional: el desarrollo de la identidad ocupacional es reconocer gustos, intereses y capacidades de la infancia y ver si se mantienen o variaron en la actualidad y son aplicables en la realidad presente. El llevar adelante su propio deseo y saber diferenciarlo del deseo de los otros.

Tener en cuanta:

~ Identificaciones reales o fantasiosas

~ Identificaciones tranquilas o conflictivas

~ Identificaciones con normas culturales

~ Identificaciones con el grupo familiar: roles y modelos de la familia

~ Identificación con un líder del grupo de pares

~ Identificación contraria, en un intento de diferenciarse del grupo de pares

~ Mecanismos de defensa, fortaleza o debilidad de los mismos

~ Identidad sexual, aceptación o rechazo del propio sexo

Ejemplo Test Desiderativo

CUESTIONARIO DESIDERATIVO

"Si Ud. no pudiera ser persona, ¿qué es lo que más le gustaría ser?"

1+ *Me gustaría ser una pantera*

"¿Por qué le gustaría ser eso?" *Me parece un animal fuerte y ágil*

"Si Ud. no pudiera ser persona, ni lo que anteriormente eligió, ¿qué es lo que más le gustaría ser?"

2+ *Un árbol o una planta grande*

"¿Por qué le gustaría ser eso?" *para poder observar el panorama desde arriba y analizar la situación desde varios puntos de vista*

"Si Ud. no pudiera ser persona, ni ninguna de las dos elecciones anteriores, ¿qué es lo más le gustaría ser?"

3+ *Un auto de carreras*

"¿Por qué le gustaría ser esto último?" *para poder alcanzar a gran velocidad y sentir adrenalina*

"Se necesita que Ud. haya elegido algo del reino animal, algo del reino vegetal como también algo inanimado, sin importar el orden. Si no lo hubiese hecho así, elija en este momento lo que más le hubiera gustado ser de cada clase <u>que le falte</u>, explicando el porqué en cada caso".

Animal----------------------------¿Por qué?------------------------

Vegetal---------------------------¿Por qué?------------------------

Objeto Inanimado------------------¿Por qué?------------------------

"Si Ud no pudiera ser persona, ¿qué es lo que menos le gustaría ser?"

1- *Una mariposa*

"¿Por qué no le gustaría ser eso?"- *Tiene poco Tiempo de vida*

"Si Ud. no pudiera ser persona, ni lo que anteriormente eligió, ¿qué es lo que menos le gustaría ser?"

2- *algas marinas enraizadas*

"¿Por qué? No le gustaría ser eso?"- *No vería el agua, me creo demaciado y se mantiene en un mismo lugar*

"Si Ud. no pudiera ser persona, ni ninguna de las dos elecciones anteriores, ¿qué es lo que menos le gustaría ser?"

3- *Una maleta*

"¿Por qué no le gustaría ser esto último?"- *para no Tener que Trabajar por el goal de otra personas*

"Se necesita que Ud. haya hecho una elección negativa para cada reino: animal, vegetal e inanimado. Si no lo hizo así, elija en este momento lo que menos lo hubiera gustado ser de cada una de las clases que le falten, explicando el porqué en cada caso."

Animal- --------------------------------Porqué--------------------------------

Vegetal- --------------------------------Porqué--------------------------------

Objeto inanimado- --------------------------------Porqué--------------------------------

Interpretación

~ *Una pantera, es fuerte y ágil.* Destaca la característica de fortaleza para enfrentar obstáculos, que reconoce en sí mismo. La agilidad habla de rapidez a la hora de tener que enfrentar situaciones de vida. Cuando logra resolver cuestiones y salir airoso de situaciones vividas, aparece la sensación de sentirse superior y estar por encima de los demás. Se confirma este dato al remarcar y agrandar la palabra "Me". El retocarla abre duda de cuanto de realidad tiene el me gustaría.

~ *Un árbol, para ver el panorama desde arriba y analizar la situación desde diferentes puntos de vista.* Planta grande que no puede precisar. Le cuesta elegir y saber con precisión que desea. Control omnipotente de los objetos. Cree que su punto de vista es superior al de los demás. Se observan óvalos remarcados y pinchados, como muestra de autoagresión y sufrimiento, con lo que muestra que en realidad no se siente como desea.

~ *Auto de carreras, para viajar a gran velocidad y sentir adrenalina.* Se acelera creyendo que puede con todo. La ansiedad que padece lo lleva a tener que ver resueltas las cosas rápido. Le cuesta lograr lo anhelado en la anterior respuesta, que es analizar las situaciones antes de decidir. Busca sentir adrenalina, es una señal que le cuesta disfrutar de las cosas. Se observan hampas con torsiones que hablan de un yo débil. Óvalos pinchados y escindidos, que muestran algún rasgo de disociación. Adosados, que dicen de crisis de identidad y gran demanda en los vínculos.

~ *Una mariposa, por el poco tiempo de vida.* Rechaza la fragilidad que siente en sí mismo y lo efímero que resultan sus sensaciones de fortaleza. Se quiere mostrar fuerte, pero en realidad se siente débil. Se ven tachados, hampas con torsiones, "p" con final escindido (como muestra de conflicto paterno)

~ *Alga marina arraigada, no crece demasiado y se mantiene en el mismo lugar.* Le cuesta crecer, tiene temores fóbicos de mantenerse en el mismo lugar y no poder escapar. Su ansiedad hace que necesite la sensación de libertad. Retoca la frase "no crecer" y la palabra "mantiene". Lo que afirma su dificultad.

~ *Una maleta, no trasladar cosas de otros.* Siente que se pone sobre sus hombros las cosas de los demás. Le cuesta poner límites claros. Se siente manejado por los otros y trata de defenderse, mostrándose fuerte y seguro como la pantera. Todas sus inseguridades, sus conflictos afectivos, su dificultad de expresar emociones, las muestra en los siguientes rasgos gráficos: tacha "valija", reenganches "en", remarca "general", hampas débiles, dificultades con los óvalos, deforma la forma de las letras.

CAPÍTULO 6

Test de las frustraciones (PFT)

Versión reducida a 12 situaciones

Saúl Rosenzweig

Estudio en la Universidad de Harvard donde llegó a doctorarse en 1932. Tuvo como compañero a Skinner. Fue Profesor en la Universidad de Clark y en la Universidad de Washington. Como psicólogo ejerció como jefe en el Instituto psiquiátrico del estado occidental. Murió en el año 2004, a los 97 años.

Características

Saúl Rosenzweig ideo este test basado en su teoría de la **frustración** en el año 1934. Es una prueba que permite evaluar el nivel de frustración de una persona, sometido a diferentes situaciones que despiertan agresión, conductas de defensa u otras manifestaciones en la mayoría de las personas. La forma que el sujeto tiene de reaccionar ante las mismas, es un reflejo de su personalidad.

Se presentan varias láminas con situaciones de la vida relacionadas, que enfrentan a la persona con circunstancias frustrantes.

Generalmente hay dos personas conversando. Una de ellas dice algo, que la otra debe responder en el globo blanco libre, que se encuentra sobre el otro personaje. El examinado debe imaginar la respuesta y escribirla en ese espacio gráfico.

Es una prueba proyectiva gráfica, donde las respuestas permiten ver cómo actúa el sujeto ante las presiones de la vida.

La prueba original diseñada por el autor, consta de 24 figuras que el examinado debe observar y contestar.

La idea es mostrar un recorte hecho a esta prueba, la cual se ha hecho para una aplicación en selección de personal, sobre 12 láminas. Se consideró que eran las que mejor reflejaban las temáticas que tenían que ver con ámbitos laborales.

Las imágenes de las láminas tal vez resultan un tanto viejas, pero las situaciones que los personajes viven, tienen total actualidad. Por eso se lo puede adaptar a esta época.

Es un tipo de test de diálogos inconclusos, como pueden ser los test de frases incompletas, como Rotter, Sacks, Duss y otros tantos.

Para S. Rosenzweig "la Presión es la resultante de la exposición a una situación estímulo, que constituye un obstáculo o una obstrucción significativa en relación a la búsqueda de satisfacción de una necesidad vital cualquiera".

Los factores de esta presión generan frustración, debido a que se obstaculiza la satisfacción de algún deseo. El tipo de respuesta es un índice de como la persona supera obstáculos.

Frustraciones

Se presentan cuando se hace imposible alcanzar un deseo, una meta, satisfacer una necesidad.

Es un momento de desilusión emocional, cuando una persona quiere realizar un deseo y se ve imposibilitado de realizarlo.

La frustración aparece, por ejemplo, cuando otra persona impide la satisfacción de un deseo. Si se quiere comer un helado y la madre se lo niega, se produce una frustración.

Cuando una persona se frustra por no poder realizar un deseo, puede transformar su frustración diferentes maneras.

Puede caer en depresión o reaccionar agresivamente, la magnitud de la respuesta dependerá de lo importante para el sujeto de lo frustrado y de su personalidad.

Cuando la frustración es consciente, suele ser aceptada, se elabora y no genera alteraciones en la personalidad.

La persona frustrada suele angustiarse al entrar en contacto con las condiciones que le recuerdan la situación, lo que puede llevar a generar defensas para reprimirla. Es importante lograr elaborar y superar la frustración, para seguir adelante y tomarla como aprendizaje de vida. Ejemplo, cuando alguien da mal un examen, puede deprimirse o abandonar la carrera, si no tolera frustraciones. En cambio, puede servirle para entender y replantarse él porque dio mal y eso llevarlo a corregir la forma de estudio, con lo cual lo dará mejor la en el próximo llamado.

Nivel de tolerancia a la frustración

El nivel de tolerancia a la frustración con que cuenta una persona, es muy importante, porque permite adaptarse a la vida, a la sociedad, a la realidad que generalmente no es como uno desea.

Ese nivel de tolerancia ésta relacionado con el tipo de crianza que se recibió, los mensajes transmitidos y los límites que se han internalizado o no.

La puesta de límites, primariamente desde los padres, luego otras instituciones sociales, son fundamentales para lograr entender que no todo se puede hacer como una desea. Con los límites se aprende a discriminar lo correcto de lo incorrecto, lo que ayuda en el momento de tener que adaptarse a la vida en sociedad.

El límite frustra, ya que cuando los padres prohíben algo que el sujeto desea, por no haber cumplido con algo esperado, se lo está privando de llevar adelante su deseo. Esto genera que se entienda que se debe repensar las acciones, ya que si se sigue por el mismo camino, el resultado será similar.

Aprender a tolerar las frustraciones genera madurez en la persona, que aprende que en la vida no va a poder funcionar con su ello, haciendo lo que desea, cuando desea y como desea, sino que va a tener que adaptarse a las posibilidades que le muestra la realidad.

En la escuela primero, la universidad o el trabajo después va a tener que adaptarse a reglas de convivencia, con las cuales muchas veces puede no estar de acuerdo, pero que si no las respeta va a tener diferentes inconvenientes.

Para que los padres puedan poner límites adecuadamente, es necesario que conformen una estructura familiar de tipo funcional.

Para ello, es necesario que se comuniquen entre ellos y sepan negociar las diferencias que tienen. Acuerden formas de manejarse que van a ser respetadas por ambos. Es decir, que ninguno va a contradecir la norma impuesta por el otro, sino que va a ser apoyada.

Los límites claros ayudan al crecimiento sano. Hace que las personas logren adaptarse a las diferentes instituciones de las que debe participar durante su vida, escuela, clubes, trabajos, etc.

Esto ayuda a que se internalice el límite y cuando el sujeto va creciendo, lo tiene incorporado a su persona, le permite frenar a tiempo cuando existe la posibilidad de cometer excesos, en las cosas que ofrece la vida (alcohol, drogas, sexo, etc.)

Cuando no acuerdan, generalmente contradicen las decisiones del otro, lo que hace que los niños busquen la alianza de uno contra el otro, para llevar adelante lo que desea, sea correcto o no.

La falta de límites claros, suele darse en familias disfuncionales, donde se lo deja hacer lo que desea. Muchas veces para no tener que soportar las quejas, para quedar bien con el niño, para contradecir al otro padre, por no contar con claridad de lo bueno o malo, por tener una personalidad débil, etc, dificulta la adaptación a la sociedad y la realidad.

Si se carece de normativas claras, no se incorpora la discriminación de lo bueno o malo de las conductas, eso lleva a querer manejarse de acuerdo a los deseos, o sea funcionar con el principio del placer que impone el ello como instancia. Se hace lo que se quiere, sin tener en cuenta consecuencias de los actos.

Al no contar con límites internalizados, de niño no se adaptan a las escuelas, generalmente tienen problemas de conducta y al llegar a la adolescencia, es difícil frenar ante excesos a los que la sociedad lleva (drogas, alcohol, juego, velocidad, sexo, etc.).

Una persona que cuenta con un "alto nivel de tolerancia a la frustración", puede utilizar los recursos de su yo para elaborar y aceptar la situación manteniendo una buena valoración de sí mismo y acepta las circunstancias que le han tocado vivir.

Por ello, medir el nivel de tolerancia del sujeto ante las frustraciones, es importante porque permite entender el nivel de madurez y la capacidad de adaptación a la realidad que tiene esa persona.

Rosenzweig, distinguió dos tipos de frustraciones: las "primarias o de privación", caracterizada por la tensión e insatisfacción debido a no poder concretar una necesidad.

Las "secundarias", caracterizadas por la presencia de dificultades en el trayecto a la satisfacción de una necesidad.

El test evalúa estas últimas.

Aspectos que permite detectar la prueba

~ Nivel de tolerancia a la frustración.

~ Agresividad.

~ Culpa.

~ Capacidad de negociar.

~ Canalización de la energía al frustrarse.

~ Fortaleza del Yo.

~ Capacidad de resolver en situaciones límites.

~ Forma de resolver los problemas.

~ Adaptación a lo social.

~ Grado de madurez

~ Capacidad para asumir las responsabilidades sobre sus actos.

Administración

El examinado lee las frases que pronuncia el personaje de la izquierda y debe responderle, como cree que lo haría el otro personaje.

Luego continúa con las escenas siguientes, que lea el dialogo y que responda a la situación, escribiéndolo en el globo que no tiene diálogo.

Versión acotada para selección de personal

El tiempo en selección de personal es reducido, por ende se busca acotar algunas técnicas para extraer los datos que se necesitan para el objetivo propuesto.

Se toman las láminas que más datos aportan para las situaciones laborales.

El test se administra y evalúa ajustando los resultados, a la cantidad de láminas seleccionadas.

Se extraen las situaciones correspondientes y se las presenta en tres hojas, para facilitar posibles tomas colectivas.

Del test original se tomaron estos números de láminas, con lo que se reponde a 12 situaciones, en lugar de 24 como el test original:

1. 9, 6, 10, 23.

2. 12, 5, 1, 24.

3. 13, 3, 16, 18

Consigna

En esta página y en las siguientes, encontrará una serie de dibujos en los que hay dos personas conversando. Siempre están escritas las palabras que pronuncia una de ellas. Imagine cual sería a su criterio, la respuesta de la otra persona, tratando de ponerse usted en ese lugar. Escriba la primera frase de respuesta que se le ocurra. Hágalo con cualquier tipo de letra pero que sea bien clara, en el recuadro blanco que le corresponda. El tiempo máximo es de 15 minutos

Láminas a mostrar

En esta página y en las siguientes, encontrará una serie de dibujos en los que hay dos personas conversando. Siempre están escritas las palabras que pronuncia una de ellas. Imagínese cuál sería la respuesta de la otra persona tratando de "ponerse Ud. en ese lugar", y escriba la primera frase de respuesta que se le ocurra. Hágalo con cualquier tipo de letra pero que sea bien clara, en el recuadro en blanco que le corresponda y no demore más de 15 minutos.

En esta página y en las siguientes, encontrará una serie de dibujos en los que hay dos personas conversando. Siempre están escritas las palabras que pronuncia una de ellas. Imagínese cual sería la respuesta de la otra persona tratando de "ponerse Ud. en ese lugar", y escriba la primera frase de respuesta que se le ocurra. Hágalo con cualquier tipo de letra pero que sea bien clara, en el recuadro en blanco que le corresponda y no demore más de 15 minutos.

Respuestas posibles a la frustración

Respuestas de defensa del yo

Se da en ciertas situaciones de ataque al yo. Cuando se da una imposición activa. El mecanismo utilizado es la proyección.

Puede recurrir a proyectar la falta contra algo externo, o se hace cargo de la responsabilidad, también puede hacer que la responsabilidad por la situación no le concierne a nadie.

Estas respuestas del yo pueden ser:

~ *Respuestas extrapunitivas:* culpa de la agresión a factores externos. Emociones que puede despertar son: cólera, irritación, persecución

~ *Respuestas intropunitivas:* se culpa a sí mismo de la agresión. Las emociones que puede despertar son: culpa, remordimiento. Los mecanismos defensivos son desplazamiento y aislamiento. Patologías: TOC, depresiones

~ *Respuestas impunitivas:* la agresión no se desencadena. No desea regañar ni a los demás, ni a sí mismo. Trata de enfrentar la frustración negociando. El mecanismo de defensa es la represión. Patología: trastorno histriónico

Respuesta de persistencia de la necesidad

Las defensas del yo, buscan satisfacer la necesidad frustrada de alguna forma. Mecanismo de defensa: sublimación y conversión.

Tiende a buscar la solución del problema o pedir ayuda a otra persona para llegar al objetivo. Puede esperar el tiempo necesario para llegar a la solución.

Estas pueden ser:

Tipo de respuesta según su rectitud:

Respuestas directas: se adaptan a la frustración continuando con la necesidad primera.

Respuestas indirectas: parecidas, a veces en el imperio del simbolismo

~ *Tipo de respuesta según su carácter más o menos adecuado:* Las respuestas son intentos de adaptación. Sobre todo cuando las respuestas son progresivas, no recurre a viejas tácticas para resolver los problemas.

Respuestas de predominio del obstáculo

Se refiere a la dificultad que lo frustra, como propicio o como poco significativo.

Respuestas de Super yo

Se da una expresión de desconsuelo por algo que el mismo pudo haber hecho.

En las situaciones de bloqueo del yo, suele referirse a lo que los otros pudieron hacer. Ejemplo: "¡Oh, que catástrofe".

En las de bloqueo del super yo, el sujeto acorta el perjuicio que el mismo generó.

Puede evitar la idea haber producido el inconveniente, o justificar la agresión de la otra persona.

Negación de la frustración

Se da una privación a dejar traslucir los propios propósitos, parece buscar una especie de autocastigo

Se muestra la frustración como una ventaja. Como la fábula de la zorra y las uvas. Ejemplo: "mejor si no se puede sacar el libro, porque después olvido devolverlo"

Respuestas de sumisión- solución

A la vez se da un sometimiento y una salida al inconveniente. Palabras del tipo: Muy bien", "Perfecto", "Está bien", "Ciertamente".

Respuestas humorísticas

Genera que tomen con gracia a su oyente, se burla de él o le habla con sarcasmo. Ejemplo: "con un auto como el suyo no podría hacer nada". O respuestas donde se ridiculiza a sí mismo. Ejemplo: "no podría taparla, porque soy demasiado petisa".

Agresión proyectada

Agrede a la otra persona planteando vacilación sobre la propia inhabilidad.

Ejemplo: "no creo que tu tía sea tan importante como para esperarla"

Evaluación

1. Clasificar cada escena, de acuerdo al tipo de respuesta. La anotación debe basarse en la significación objetiva de la respuesta.

~ *Respuestas de defensa del yo*: extrapunitivas, intrapunitivas, impunitivas

~ *Respuestas de persistencia de la necesidad:* buscan reparar la necesidad frustrada de alguna forma. Pedir auxilio a otros, esperar que se soluciones solo.

~ *Respuestas de predominancia del obstáculo*: menciona el impedimento que genera frustración con una observación sobre la dureza.

~ *Respuestas de super yo*: abatimiento por lo que ha hecho. Disculparse por lo que puede haber causado

~ *Negación de la frustración*: no muestra sus propósitos. Muestra la frustración como positiva: "mejor si no saco el libro"

~ *Respuesta Solución sumisión*: procedimiento provechoso él elegido. Minimizar la frustración "muy bien", "perfecto".

~ *Respuestas Humorísticas*: se mofa del interlocutor, que se burlen de él.

~ *Agresión proyectada:* destaca vacilaciones de la invalidez del examinado, "no crea sea bueno para ella"

2. Establecer un porcentaje de cada tipo de respuesta.

~ Las respuestas sobresaliente, muestran las actitudes del sujeto ante las frustraciones

~ Las secundarias y terciarias, son modos con que las enfrenta cuando las primarias no le sirven

~ Los tipos de respuesta elegidos, muestran el modo que tiene de enfrentar las frustraciones. La tolerancia a las mismas, la madurez adquirida.

~ Las láminas 1,2,4,7,8,9,10,11 *Frustraciones personales.* Las 3,5,6,12, *Frustraciones hacia otros.*

~ Comparar los resultados,

~ **ANALIZAR EL GRAFISMO DEL EXAMINADO, TOMANDO EN CUENTA LOS LINEAMIENTOS DE LA GRAFOLOGÍA EMOCIONAL, DE CURT HONROTH**

~ Elaborar informe de personalidad

De acuerdo al tipo de respuestas esbozadas, se puede entender el nivel de tolerancia a la frustración que presenta el examinado.

Ese nivel de tolerancia ésta asociado con el grado de fortaleza o debilidad que presenta su yo.

La *fortaleza del yo,* ésta relacionada con la autonomía, independencia, autoestima, maduración y el grado de identidad lograda.

La *debilidad del yo,* con la falta de autonomía, dependencia, baja autoestima, inmadurez y una dificultad para construir la identidad.

Tolerar frustraciones

Es la capacidad para:

~ enfrentar y resolver las situaciones de la vida

~ aceptar las dificultades de la vida y encontrar siempre una salida ante los obstáculos.

Eso es índice de haber logrado:

Fortaleza en el yo

La persona: tiene energía psíquica, fuerza interior para satisfacer sus necesidades y deseos. Responde a las exigencias que le demanda la vida, adaptando su conducta a la realidad. Tiene resistencia ante las adversidades y capacidad para reaccionar frente a éstas.

Seguridad

La persona segura confía en el propio poder, en su manera de pensar o sentir. Tiene esperanza en el futuro, con una visión positiva de lo que puede acontecer.

Ánimo, entereza, vigor y fe en uno mismo.

Independencia

La persona

~ no quiere sentirse a meced del otro.

~ piensa, siente y actúa sin buscar apoyo o colaboración de los demás. Funciona de manera autónoma.

~ no tiene en cuenta los juicios de valor ajenos.

~ toma decisiones por su propia cuenta sin consultar a nadie.

~ enfrenta las dificultades con optimismo y no le gusta que lo desvíen de su objetivo.

~ puede aceptar cambios para reformular la ruta hacia las metas establecidas.

Autoestima

~ Siente que puede lograr o está cerca de hacerlo, aquello que desea ser.

~ La autoimagen condiciona los actos, los sentimientos y la conducta.

~ Quien tiene autoestima está convencido de su capacidad para realizar con éxito una determinada tarea o hallar la solución de un problema.

Madurez

~ La persona madura presenta equilibrio en las tres áreas de la personalidad y, por lo tanto, está preparada para asumir responsabilidades, enfrentarlas y resolverlas, a pesar del grado de complejidad que ellas puedan tener.

~ Para lograr esta madurez, es necesario atravesar y resolver las distintas crisis evolutivas que enfrentamos en la vida.

~ La madurez tiene que ver con el grado de fortaleza Yoica adquirida, ya que un yo fuerte va a saber manejar adecuadamente los deseos y las necesidades (ello) y cumplir con las exigencias y las obligaciones (Superyo), de acuerdo con la realidad.

Bajo nivel de tolerancia a las frustraciones

Dificultad para:

~ pararse ante situaciones de la vida que no son como la persona espera

~ encontrar solución a las crisis, se deprime, no acepta la realidad
Genera:

Debilidad Yoica

La persona:

~ tiene fuerza insuficiente para tomar decisiones de manera autónoma, para enfrentar y resolver situaciones por sí mismo, para gratificar necesidades y deseos.

~ tiene insuficiente fuerza física, mental o volitiva que engendra el sentimiento de impotencia.

~ está dominada por sus impulsos, por sus conflictos o por los otros. De ese modo, no puede adoptar una conducta madura frente a la realidad.

~ se caracteriza por rasgos de inmadurez, inseguridad, baja autoestima.

~ es influenciable, inseguro, se desanima fácilmente, tiene poca resistencia para hacer frente a la presión de los otros e inclusive para hacer frente a sus propias inclinaciones.

Inseguridad

~ Carencia de confianza en sí mismo para tomar decisiones, resolver y enfrentar problemas.

~ La falta de preparación para enfrentar cualquier problema que pueda plantear la vida es lo que engendra la inseguridad.

~ La inseguridad es siempre un miedo al fracaso, al desamparo, a la pérdida del Yo, como consecuencia de la debilidad yoica y del sentimiento de inferioridad que posee.

Dependencia

La persona

~ necesita del apoyo de los otros, en cuanto a lo emocional, económico, moral o profesional.

~ tiene deseo de "sentir" el cuidado de los otros.

~ necesita de la presencia de otros que le den seguridad, apoyo, aprecio para realizar una tarea o tomar una decisión.

~ necesita aprobación, aceptación, afecto, sentir seguridad para poder actuar.

~ espera que los otros actúen de la forma que él necesita, para que sus necesidades puedan ser resueltas.

~ presenta dificultad para funcionar con autonomía, enfrentar situaciones o tomar decisiones, si no cuenta con el aval suficiente de aquellos de quienes depende afectivamente.

~ necesita del apoyo de otros para sentirse segura, sin lo cual el rendimiento se vería sensiblemente afectado.

Baja autoestima

~ Implica una pobre evaluación que realiza el individuo en referencia a sí mismo

~ Hay discrepancia entre el *individuo "ideal"* y el *"real"*. En general tiende a sentir incapacidad para alcanzar aquello que desea.

~ Existen sentimientos de inferioridad, de desvalorización, y al mismo tiempo, valoración de los demás.

~ Se caracteriza por debilidad yoica; carece de la seguridad necesaria en relación con lo que siente, piensa o hace.

~ Suele deprimirse y desalentarse ante las dificultades. Se siente frustrado o fracasado.

~ La persona que se tiene a sí misma por una víctima, por un individuo que debe sufrir, hallará las formas más o menos oportunas o especiales que le llevarán a lograr estas condiciones.

Inmadurez

~ Es un atraso en el desarrollo afectivo. Lleva a la dependencia y a la inseguridad.

~ Los patrones de conducta mantienen ciertas características que recuerdan la vida infantil.

~ La persona inmadura posee un yo débil, tiende a satisfacer prioritariamente sus propias necesidades, dejando en un segundo plano todo aquello que represente obligaciones y responsabilidades.

Ejemplo

INSTRUCCIONES

En esta página y en las siguientes, encontrará una serie de dibujos en los que hay dos personas conversando. Siempre están escritas las palabras que pronuncia una de ellas. Imagínese cual sería la respuesta de la otra persona tratando de "ponerse Ud. en ese lugar", y escriba la primera frase de respuesta que se le ocurra. Hágalo con cualquier tipo de letra pero que sea bien clara, en el recuadro en blanco que le corresponda y no demore más de 15 minutos.

El reglamento de la biblioteca no la autoriza a llevar más que dos libros por vez.

Aunque usted necesite su paraguas, debe esperar hasta la tarde, que es cuando llega el patrón.

Es mi tía. Quiere que la esperemos, que vendrá a despedirnos y a desearnos un feliz viaje.

¡Usted está mintiendo y lo sabe muy bien!

En esta página y en las siguientes, encontrará una serie de dibujos en los que hay dos personas conversando. Siempre están escritas las palabras que pronuncia una de ellas. Imagínese cual sería la respuesta de la otra persona tratando de "ponerse Ud. en ese lugar", y escriba la primera frase de respuesta que se le ocurra. Hágalo con cualquier tipo de letra pero que sea bien clara, en el recuadro en blanco que le corresponda y no demore más de 15 minutos.

En esta página y en las siguientes, encontrará una serie de dibujos en los que hay dos personas conversando. Siempre están escritas las palabras que pronuncia una de ellas. Imagínese cual sería la respuesta de la otra persona tratando de "ponerse Ud. en ese lugar", y escriba la primera frase de respuesta que se le ocurra. Hágalo con cualquier tipo de letra pero que sea bien clara, en el recuadro en blanco que le corresponda y no demore más de 15 minutos.

Evaluación

Clasificación de las respuestas

Persistencia de la necesidad*:* espera con insistencia que alguien aporte una solución a su frustración.

Escrito con adosados, lo que refleja que se aferra a las cosas, personas e ideas y le cuesta desprenderse de la misma. *Retoques*, inseguridad, yo débil. *Bucles:* con buen trato, desea salirse con la suya

2. ***Persistencia de la necesidad:***

Palabras reflejas: busco, cambio, necesito. Busco es más autoritario, hay que darle lugar a la demanda

3. ***Respuesta adaptativa:*** se puede adaptar en la medida que el problema, no lo afecte en forma directa.

4. ***Intrapunitiva:*** se inculpa de haber explicado mal.

Retoque en veamos, ¿será que realmente desea verlo de nuevo? O se quedó con su idea. No ésta predispuesto a discutirlo

5. ***Extrapunitiva:*** El reproduce a un objeto del medio, la fábrica.

Palabra refleja: reenvío ¿estará el deseo en solucionar el problema?.

6. ***Respuesta de super yo:*** pide disculpas.

Palabra refleja: enseguida, le cuesta solucionar los problemas

7. ***Respuesta de sumisión:*** sin solución.

Palabra refleja: chico, muestra que contiene el enojo. Lo confirma con el bucle en la "s" de sólo.

8. ***Agresión proyectada:*** el reproche se dirige a la persona del medio

Bucles en t: muestran que acomoda el relato a las situaciones sociales; las *barras de t altas, el final acerado de* tendría, muestran que hay agresión contenida

9. *Respuesta de sumisión:* busca solucionar el problema.

Palabra refleja: cambiemos, con lo que muestra que no es su deseo.

10. *Agresión proyectada:*

Óvalos pinchados en falta, de, da indicio de sentirse agredido y se defiende proyectando.

11. *Negación de la frustración:* da una racionalización a la respuesta.

12. *Respuesta de super yo:*

Palabra refleja, imprudencia, no siente que haya sido de esa manera

Total respuestas

~ *Persistencia de necesidad: 2*

~ *Adaptativas: 1*

~ *Intrapunitivas: 1*

~ *Extrapunitivas: 1*

~ *Super yo: 2*

~ *Sumisión: 2*

~ *Agresión proyectada: 2*

~ *Negación de la frustración: 1*

Interpretación

Se puede hablar de una persona que lucha por manejar y adaptarse a las frustraciones, con diferentes grados de éxito según circunstancias.

Cuando se trata de cuestiones que alteran sus intereses directos, reacciona con agresión, defiende sus derechos.

Cuando se trata de perjudicar a los otros, responde con el super yo, lo mueve la culpa, el remordimiento, se disculpa pero no lo siente de esa manera.

Se puede observar un yo en proceso de formación, con características aún de cierta debilidad. Le cuesta tomar decisiones y resolver las dificultades de la vida, si no cuenta con el apoyo suficiente para sentirse seguro.

Tiene dificultad a la hora de imponer sus ideas, por temor a estar equivocado y creer que los otros siempre tienen opiniones más acertadas.

Se evalúa a sí mismo de manera pobre, creyendo que por no conseguir lo ideales que se propone, es menos que los otros. Suele deprimirse y desalentarse ante las cuestiones que no se dan de la manera pensada.

Debe trabajar para madurar emocionalmente, lo que redundará en un mejor rendimiento y en poder enfrentar la vida con mayor decisión

CAPÍTULO 7

Test de frases incompletas de Sacks (FIS)

Introducción

Es una modificación del test de asociación de palabras, elaborado por Jung.

El test es del año 1948 y es creado por Joseph M. Sacks, con la colaboración de otros psicólogos colegas de Nueva York.

Como debe escribir la frase en el protocolo dado, es otra técnica a la que es factible aplicarle un análisis grafológico, independientemente al análisis de los factores específicos del test. Se puede interpretar de forma cuantitativa y cualitativa. En este trabajo, nos vamos a referir a esta segunda forma de evaluación.

Características del test

Es una prueba proyectiva, ya que ante las frases que sirven de estímulo, contesta con lo primero que le surge de manera espontánea. Cada frase es expresada de manera incompleta y el examinado debe completarla.

Se estimula a que contesten con lo primero que se le ocurra, sin estudiar mucho su respuesta. Puede saltear frases y seguir con las siguientes y volver sobre ellas posteriormente.

Son 60 frases incompletas, divididas en 6 áreas, que se dividen en actitudes. En total hay 15 vectores o actitudes. Cada actitud es de 4 frases.

Objetivo

Busca en las respuestas que el sujeto exprese sus deseos, aptitudes, temores, inseguridades, sentimientos, emociones, agresión, relaciones interpersonales, etc. Se proyectan de manera tanto consciente como inconsciente.

Administración

Se le entrega al sujeto el protocolo de prueba, para que escriba las respuestas. Se le pide que conteste con lo primero que le surge.

Consigna: *"A continuación le voy a dar una serie de frases que están incompletas. Usted tiene que completarlas contestando lo primero que se le ocurra"*.

Si en alguna frase no se le presenta ninguna idea, que la pase y conteste otra. Puede volver en un momento posterior.

Puede pasar que no la conteste, en cuyo caso también dice cosas, ya que habla de alguna conflictiva personal con lo que la pregunta sugiere. Por lo general se hace entre 15 y 45 minutos.

Protocolo

Conteste rápidamente con lo primero que se le ocurra:

1) Pienso que mi padre rara vez ....
2) Cuando llevo las de perder ....
3) Siempre quise ....
4) Si yo tuviera autoridad ....
5) El futuro me parece ....
6) Los hombres que son mis superiores ....
7) Sé que es tonto, pero tengo miedo de ....
8) Pienso que un verdadero amigo ....
9) Cuando era niño ....
10) Mi idea de una mujer (u hombre) perfecto ....
11) Cuando veo una mujer y un hombre juntos ....
12) Comparada con la mayoría de las familias, la mía ....
13) En el trabajo me llevo mejor con ....
14) Mi madre ....
15) Daría cualquier cosa por olvidar la vez que ....
16) Ojalá mi padre ....
17) Creo que tengo capacidad para ....
18) Sería completamente feliz si ....
19) Si tuviera gente trabajando para mí ....
20) Anhelo ....
21) En la escuela, mis maestros ....
22) La mayoría de mis amigos no saben que tengo miedo de ....
23) No me gusta la gente que ....
24) Antes yo tenía ....
25) Creo que las mayorías de las chicas ....
26) Mi opinión sobre la vida matrimonial ....
27) Mi familia me trata ....
28) Las personas con las que trabajo ....
29) Mi madre y yo ....
30) Mi mayor error fué ....

34) La gente que trabaja para mí ....

35) Algún día, yo ....

36) Cuando veo venir a mi jefe ....

37) Quisiera perder el temor ....

38) La gente que más me gusta ....

39) Si fuera niño (a) otra vez ....

40) Creo que la mayoría de los hombres ....

41) Si tuviera relaciones sexuales ....

42) La mayoría de las familias que conozco ....

43) Me gusta trabajar con personas que ....

44) Creo que la mayoría de las padres ....

45) Cuando era niña (o) me sentía culpable por ....

46) Siento que mi padre es ....

47) Cuando la suerte me trata mal ....

48) Cuando doy órdenes a los demás ....

49) Lo que más quiero en la vida ....

50) Cuando sea viejo (a) ....

51) Las personas a las que considero mis superiores ....

52) Mis temores me obligan a veces a ....

53) Cuando no estoy cerca, mis amigos ....

54) Mi recuerdo infantil más presente ....

55) Lo que menos me gusta en los hombres (o mujeres) ....

56) Mi vida sexual ....

57) Cuando era niño (a) mi familia ....

58) Las personas con las que trabajo habitualmente ....

59) Me gusta mi madre, pero ....

60) Lo peor que hice hasta ahora fué ....

Análisis Cualitativo

Se trata de entender el funcionamiento del psiquismo del sujeto, que es proyectado en cada respuesta.

Se agrupan las respuestas correspondientes a cada área, donde expresa lo que siente con relación a cada ítem.

El contenido de la respuesta, su simbolismo inconsciente, da lugar a entender lo que a la persona le pasa con las áreas más significativas de su vida.

SE APLICA LA GRAFOLOGÍA EMOCIONAL, YA QUE AQUELLAS FRASES QUE PRESENTAN SITUACIONES DE CONFLICTO, PRESENTAN DIFERENCIAS EN SU GRAFISMO CON RELACIÓN AL RESTO DE LAS RESPUESTAS.

Áreas a **evaluar**

Área familiar

~ Vinculación con el padre (1, 16, 31 y 46)
~ Relación con la madre (14, 29, 44 y 59)
~ Vínculo familiar (12, 27, 42 y 57)

Área Sexual

~ Actitud hacia los hombres/las mujeres (10, 25, 40 y 55)
~ Actitud hacia las relaciones con el otro sexo (11, 26, 41 y 56)

Área social

~ Vinculación con amigos y amistades (8, 23, 38 y 53)
~ Actitud con los pares (13, 28, 43 y 58)
~ Forma de vincularse con superiores (6, 21, 36 y 51)
~ Forma de relacionarse con subordinados (4, 19, 34 y 49)

~ Temores (7, 22, 37 y 52)

~ Culpas (15, 30, 45 y 60)

~ Proyectos (3, 18, 33 y 48)

~ Capacidades (2, 17, 32 y 47)

~ Pasado (9, 24, 39 y 54)

~ Futuro (5, 20, 35 y 50)

Interpretación

El tipo de respuesta elegida, da lugar a evaluar si el nivel de madurez de las mismas, coincide con el momento evolutivo del examinado. Si las respuestas son realistas, mágicas, emocionales, mentales, etc. Da indicio de las características predominantes, antes las diferentes situaciones que la prueba le plantea.

Se puede complementar el análisis de las respuestas, teniendo en cuenta estos datos:

a. *Forma de presentación:* presentación, uso del lenguaje, simplicidad, extensión de la respuesta, correcciones, coherencia lógica.

b. *Tiempo de Reacción:* Velocidad de reacción (ansiedad, tranquilidad).

c. *Emociones:* ansiedad, tristeza, bloqueo emocional, hipersensibilidad, inestabilidad emocional, abulia, optimismo, pesimismo, agresividad.

d. *Tipo de razonamiento:* Lógico, ilógico, mágico, simbólico.

e. *Medio social cultural:* nivel académico, vida urbana o rural, nacional o extranjero, religión, valores.

f. *Forma de Conducirse:* extrovertida, introvertida, tranquila, intranquila, tics, gestos, delicadeza, apariencia.

Ejemplo

Conteste rápidamente con lo primero que se le ocurra:

1) Pienso que mi padre rara vez ....

2) Cuando llevo las de perder ... *trato de ganar* ....

3) Siempre quise ... *poder* ....

4) Si yo tuviera autoridad ... *diría lo que pienso* ....

5) El futuro me parece ... *alejado* ....

6) Los hombres que son mis superiores ... *los respeto* ....

7) Sé que es tonto, pero tengo miedo de ... *fracasar en todo*

8) Pienso que un verdadero amigo ... *está en todo* ....

9) Cuando era niño ... *fui feliz* ....

10) Mi idea de una mujer (u hombre) perfecto ... *no hay* ......

11) Cuando veo una mujer y un hombre juntos ... *que gocen su vida*

12) Comparada con la mayoría de las familias, la mía ... *es diferente*

13) En el trabajo me llevo mejor con ....

14) Mi madre ... *trabaja* ....

15) Haría cualquier cosa por olvidar la vez que ....

16) Ojalá mi padre ... *algún día lo viera* ....

17) Creo que tengo capacidad para ... *hacer negocios* ....

18) Sería completamente feliz si ... *estar feliz con mi familia, hijos*

19) Si tuviera gente trabajando para mí ... *tendría que trabajar bien*

20) Anhelo ... *respuesta a* ....

21) En la escuela, mis maestros ... *los hacía renegar* ....

22) La mayoría de mis amigos no saben que tengo miedo de ... *fracaso*

23) No me gusta la gente que ... *es falsa* ....

24) Antes yo tenía ... *mas empuje* ....

25) Creo que la mayorías de las chicas ... *están equivocadas*

26) Mi opinión sobre la vida matrimonial ... *es difícil formar el suyo*

27) Mi familia me trata ... *bien* ....

28) Las personas con las que trabajo ... *no tengo drama* ....

29) Mi madre y yo ... *no la escucho mucho* ....

30) Mi mayor error fué ... *no ser moderno* ....

34) La gente que trabaja para mí ...*Creo que los trato bien*...

35) Algún día, yo ...*voy a realizar lo que quiero*...

36) Cuando veo venir a mi jefe ...*no tengo miedo*...

37) Quisiera perder el temor ...*no tengo*...

38) La gente que más me gusta ...*no [illegible]*...

39) Si fuera niño (a) otra vez ...*trataría de hacer lo que no hice*...

40) Creo que la mayoría de los hombres ...*son machistas*...

41) Si tuviera relaciones sexuales ...*trato que sea mi pareja*...

42) La mayoría de las familias que conozco ...*hay chismes*...

43) Me gusta trabajar con personas que ...*se dediquen a trabajar*...

44) Creo que la mayoría de los padres ...*dan a sus hijos lo que ellos [illegible]*...

45) Cuando era niña (o) me sentía culpable por ...*mentir*...

46) Siento que mi padre es ...*una persona equivocada*...

47) Cuando la suerte me trata mal ...*pienso que yo me trato mejor*...

48) Cuando doy órdenes a los demás ...*me gusta que las cumplan*...

49) Lo que más quiero en la vida ...*ser feliz con mi familia, como*...

50) Cuando sea viejo (a) ...*espero superar mis defectos*...

51) Las personas a las que considero mis superiores ...*las respeto*...

52) Mis temores me obligan a veces a ...*jugar*...

53) Cuando no estoy cerca, mis amigos ...*no me afecta*...

54) Mi recuerdo infantil más presente ...*cuando jugaba con mi [illegible]*...

55) Lo que menos me gusta en los hombres (o mujeres) ...*machista, se [illegible]*...

56) Mi vida sexual ...*[illegible]*...

57) Cuando era niño (a) mi familia ...*no tengo grandes recuerdos*...

58) Las personas con las que trabajo habitualmente ...*no tengo chismes*...

59) Me gusta mi madre, pero ...*creo que están equivocados*...

60) Lo peor que hice hasta ahora fué ...*no tratar de ser mejor*...

Análisis e interpretación psicológica

Área familiar

Vinculación con el padre

1. pienso que mi padre rara vez: ------

16. ojalá mi padre: *algún día lo viera*

31. quisiera que mi padre: *algún día lo viera*

46. siento que mi padre es: *una persona equivocada*

Grafología

Óvalos cerrados, alguno abierto a izquierda, sin trazo final. Sobrealzada. Falta punto en "i" equivocada.

Significación psicológica

Idealización de lo que espera de la vida, que genera frustración en cada momento de encuentro con la realidad.

Falta de contacto con la figura paterna. Carencias afectivas en el vínculo con el mismo, debido a no sentirse tenido en cuenta. A partir de este vacío, presenta dificultad de vincularse con figuras de autoridad.

Relación con la madre

14. mi madre: *trabaja*

19. mi madre y yo: *no la escucho mucho*

44. creo que la mayoría de las madres: *son sus hijos lo que más quieren*

59. me gusta mi madre pero: *creo que estuvo equivocada.*

Grafología

Sobrealzada. Óvalos cerrados, algunos abiertos a izquierda. "g" pinchada. En la frase 44, la palabra "quieren" cae del renglón.

Idealización de la figura materna, que lo ha frustrado emocionalmente. Ha tenido dificultades de comunicación y de acercamiento afectivo con la madre. Dolor por la carencia afectiva que le ha generado, que se confirma con la palabra "quieren" caída del renglón. Las figuras padre/madre han generado vacíos que no ha podido canalizar adecuadamente.

Vínculo familiar

12. comparada con la mayoría de las familias, la mía: *una desunión*

27. mi familia me trata: *bien*

42. la mayoría de las familias que conozco: *hay dramas*

57. cuando era niño mí familia: *no hay grandes recuerdos*

Grafología

Retoques en "grandes" y en "desunión"

Significación psicológica

No hay imagen de integración familiar, que de alguna manera es coherente con las respuestas sobre los padres. Los retoques hablan de no haber contado, con la contención necesaria, para lograr la confianza básica de la que hablaba Erikson.

Área sexual

Actitud hacia las mujeres

10. mi idea de la mujer – hombre perfecto: *no hay*

25. creo que la mayoría de las chicas: *están equivocadas*

40. creo que la mayoría de los hombres: *son machistas*

55. lo que menos me gusta en hombres o mujeres: *machistas se lo saben todo*

Grafología

En "equivocadas" complica la vinculación entre "a" y "c". Primer monte "m" "machistas" elevado. Coligamento "a" y "c" nuevamente complicado. "Saber" hampa con torsión.

Dificultades para vincularse afectivamente con el otro sexo. Inseguridad, debilidad del yo. Insatisfacción.

Actitud hacia las relaciones interpersonales

11. cuando veo una mujer y un hombre juntos: *que hagan su vida*

26. mi opinión de la vida matrimonial: *es difícil ponerse de acuerdo*

41. si tuviera relaciones sexuales: *tratar de que goce mi pareja*

56. mi vida sexual: *regular*

Grafología

"f" difícil, pierde presión en zona inferior. "d" disociada, "p" sobre elevada, "regural" confunde lugar de las letras.

Significación psicológica

Escisión afectiva proveniente de la disociación de lo emocional entre madre, padre. La "p" habla de idealización de lo que esperaba la figura paterna, con dificultad de conectarse con la realidad y sufrir las carencias afectivas. Insatisfecho en el plano sexual, pierde la energía con facilidad.

Área social

Vinculación con amigos

8. Pienso que un verdadero amigo: *ésta en todo*

23. no me gusta la gente que: *no es falsa*

38. la gente que más me gusta: *no falluta*

53. cuando no estoy cerca de amigos: *no me afecta*

Grafología

Acto fallido en frase 23 "no". En "falsa" inicia mayúscula, como palabra destacada.

Significación psicológica

Proyecta sobre el otro características propias, acusa de falsedad a los demás. Dificultades para vincularse socialmente. Se puede decir que la vida social le despierta ansiedad de tipo paranoide.

Actitud con pares

13. en trabajo me llevo mejor: -----

28. las personas con las que trabajo: *no tengo drama*

43. me gustaría tratar con personas: *que se dediquen a trabajar*

58. las personas con que trabajo: *no tengo drama*

Grafología

"d" drama con óvalo pinchado.

Significación psicológica

Le cuesta vincularse con pares, aunque trata de integrarse laboralmente, sin demasiado acercamiento. La vida social la sufre. Es agresivo, cosa que no siempre canaliza hacia el exterior, sino que pueden aparecer situaciones de autoagresión.

Vínculo con superiores

6. los hombres que son mis superiores: *los respeto*

21. en la escuela, los maestros: *los hacía renegar*

36. cuando veo venir a mi jefe: *no tengo miedo*

51. los superiores: *los respeto*

Grafología

"p" sobre elevada en la palabra "respeto". Destaca "R" "Renegar", cae "r" al final de la palabra y pierde presión.

Significación psicológica

Se adapta y acepta las figuras de autoridad, aunque puede tener momentos de rebeldía. Tiene mayores aptitudes para roles de subordinación que de mando.

Vínculo con subordinados

4. si tuviera autoridad: *diría lo que pienso*

19. si tuviera gente trabajando: *pediría que trabajen bien*

34. la gente que trabaja para mí: *creo que los trato bien*

49. lo que quiero en la vida: *ser feliz con mi familia*

Grafología

"trato" con bucle. "feliz" con retoque.

Significación psicológica

Es diplomático para relacionarse, sabe decir lo que el otro espera escuchar. El deseo de ser feliz, duda de poder lograrlo, la inseguridad lo persigue cuando de afectos se trata.

Área de la autoestima

Temores

7. se que tengo miedo de: *fracasar en todo*

22. la mayoría de mis amigos no sabe mi miedo a: *fracasar*

37. quisiera perder el temor: *no tengo*

52. mis temores me obligan a veces a: *jugar*

Grafología

"fracasar": tiene mayor dimensión

"tengo": la barra de la "t" se sale del pleno

Significación psicológica

El temor al fracaso en las diferentes áreas de su vida, es un miedo inconsciente que dificulta se mueva con mayor libertad.

Hay déficit en la voluntad, porque tiene expectativas inalcanzables, que lo llevan a un grado de ansiedad que lo desborda. Al no ver satisfechas sus expectativas en corto tiempo, se frustra y cae su energía.

Culpas

15. haría cualquier cosa por olvidar: -------

30. mi mayor error fue: *no ser maduro*

45. cuando niño me sentía culpable por: *mentir*

60. lo peor que hice hasta ahora: *no tratar de ser mejor*

"maduro", primer monte más destacado. Óvalo remarcado a izquierda

"tratar", falta la barra en la segunda "t"

Confirma sentirse culpable, por no poner esfuerzo y voluntad en tratar de cambiar, mejorar y madurar. Lograr madurez es un objetivo en su vida, por ahora difícil de alcanzar.

Proyectos

3. siempre quise: *poder*

18. sería feliz si: *estar bien con mi familia, negocio*

31. mi ambición secreta en la vida: *ser feliz con familia y negocio*

48. cuando doy órdenes a los otros: *me gusta que las cumplan*

"poder", "p" sobrealzada, inflada. "feliz" retoque en la "f". "p" de "cumplan" en forma de puñal.

Presenta un deseo y necesidad internos de lograr poder, el cual no logra satisfacer. Por ello recurre a imponerse agresivamente si fuera necesario, en pos de salirse con la suya.

Capacidades

2. cuando llevo las de perder: *trato de ganar*

17. creo que tengo capacidad: *ganar para hacer negocios*

32. mi debilidad: *el juego*

47. cuando la suerte me trata mal: *pienso que forma tratara mejor*

"trato" dos barras hechas en el mismo trazo. "juego", "j" buclada y sobrealzada, con agregado de trazo de más, óvalo abierto a izquierda.

"forma" presenta lapso de cohesión. "a" tratara sin trazo final. "mejor" óvalo deformado

Significación psicológica

Es ambicioso en lo económico, se siente capaz para hacer negocios. Se cree seguro para lograr objetivos e imponerse en esa área. Le cuesta encontrar la forma de mejorar, cuando las cosas no salen bien. Tiene una característica autoritaria para imponer su criterio.

Pasado

9. cuando niño: *fui vago*

24. antes tenía: *más empuje*

39. si fuera niño otra vez trataría de: *hacer lo que no hice*

54. recuerdo infantil: *cuando jugaba con mi hermano*

Grafología

"fui" inflada. "vago" sobrealzada, retocada. "j" "jugaba" inflada, buclada. "hermano" "h" aplastada

Significación psicológica

Arrepentido de las cosas que no hizo en su pasado. Dificultades afectivas y de expresión en la relación con su hermano. Preocupado por la adicción al juego y por la falta de energía volitiva para encarar las cosas.

Futuro

5. el futuro parece: *alejado*

20. anhelo: *respuesta 15 (no tiene respuesta)*

35. algún día yo: *voy a realizar lo que quiero*

50. cuando sea viejo espero: *superar mis defectos*

Grafología

"alejado" tiene tres "a". "defectos" "d" con bucle, "f" con predominio superior.

Le cuesta proyectarse al futuro, tiene deseos de poder hacer lo que quiere. Las tres "a" de alejado dice de la distancia que siente, con relación a lograr lo que desea. Idealiza la posibilidad de estar bien, pero le cuesta hacer cosas en la realidad, para llegar a ese objetivo (ver "f").

Abdala, Norberto Elías N., *Ser inteligente*, Buenos Aires, Ed. B,

Arzeno y Ocampo - *Las técnicas proyectivas y el proceso de psicodiagnóstico*. Ed. Nueva Visión-

American Psychiatric Association, *Manual Diagnóstico y Estadístico de los Trastornos Mentales (DSM-IV-TR)*, Barcelona, Ed. Masson, 2002.

Allende del Campo Juan - *Grafopatologías* - Ed. Lasra

Allende del Campo Juan – *Apuntes de Grafopsicología I y II*- Ed. Asociación Grafopsicológica

Allende del Campo Juan – *Espacio, Movimiento y energía*. Ed Lasra

Bell j - *Técnicas Proyectivas* – Ed. Paidós

Bela Szequely- *Los test* - Ed. Kapelusz

Bender Lauretta - *Test guestáltico visomotor* - Ed. Paidós

Bertalanffy Ludwing – *Teoría general de los sistemas* - Ed. Fondo de cultura económica

Biedma. C – Dalfonso. P - *El lenguaje del dibujo* - Ed. Kapelusz

Bleger José – *Psicología de la conducta* – Ed. Paidós

Bono Hugo - *Introducción a las técnicas proyectivas en psicología* - Ediciones psicométricas

Bosellini Leticia, Orsini Alicia – *Psicología* – Ed. AZ

Branniere Gerardo de la - *Manual de grafología* – Ed Albatros

Bur Ricardo, Nine Lucas – *Psicología para principiantes* – Ed. Era naciente

Capriglione Alejandra –*Guía para el análisis de firmas y rúbricas*- Ed. Propia

Capriglione Alejandra – *Simbolismo espacial y aspectos gráficos*- Ed. propia

Carpenter Malcom - *Fundamentos de Neuroanatomía* - Ed. El Ateneo

Cavanagh. J.R, Mc Goldrick J.B - *Psiquiatría fundamental* - Ed. Luis Miracle

Corman. L - *El test del dibujo de la familia.* - Ed. Kapelusz

Cosacov Eduardo – *Diccionario de términos técnicos de la psicología* – Ed. Brujas

Crépieux - Jamín - *El ABC de la Grafología* - Ed. Ariel

Crépieux- Jamín - *La escritura y el carácter* - Ed. Daniel Jorro

D'Alfonso, Pedro - *La personalidad humana en los símbolos gráficos*, Buenos Aires, 1996.

D Alfonso Pedro – *Símbolos e inconsciente personal. El Wartegg proyectivo.* Ed. El Ateneo

Erikson Erik – *Infancia y sociedad* - Ed. Hormé

Fernández Ricardo – *Grafo neuro psico patologías* – Ed. Bonum

Fernández Ricardo – *La psicosis, el yo y el espacio gráfico"* – Ed.Kaicrón

Fernández Ricardo – *Una metodología para realizar informes grafopsicológicos* – Ed. Kaicrón

Fernández Ricardo – *Curso básico de grafología* – Ed Praia

Foglia Pedro - *Grafología General I y II* - Ed. Lugar

Foglia Pedro – *Grafología descriptiva"*– Ed. Pedro Foglia

Freud Sigmund- *Obras Completas* – Ed. Biblioteca Nueva

Freud Anna – *El yo y los mecanismos de defensa* – Ed. Paidos

Gay de Wojtuñ M. Cristina - *Nuevas aportaciones clínicas al test de Bender* - Ed. EUDEBA

Guardini Romano – *Las etapas de la vida* – Ed. Palabra Madrid

Guillaume Paul – *Psicología de la forma* – Ed. Psique

Grillo, Bolloqui, Grieco – *Grafología: letras reflejas minúsculas* – Ed. Gnosis

Hall y Lindzey – *Las teorías psicosociales de la personalidad* – Ed. Paidós

Hall y Lindzey – *La teoría analítica de la personalidad* – Ed. Paidós

Hall Calvin – *Compendio de Psicología Freudiana* – Ed. Paidós

E. Hammer- *Los test proyectivos gráficos*- Ed. Paidós

Honrot, C.A – *Grafología emocional* – Ed. Troquel

Honroth, C. A – *Grafología*- Ed Troquel

Jung Carl- *"Arquetipos e inconsciente colectivo"*- Ed. Paidós

Jung Carl – *"Lo inconsciente"* – Ed. Losada

Laplanche y Pontalis – *Diccionario de psicoanálisis* – Ed. Labor

Klages Ludwig – *Escritura y carácter* – Ed. Paidós

Klein Melanie - *Obras completas* - Ed. Paidós

Koppitz. E - *El test guestáltico visomotor para niños*. Ed. Guadalupe

Kunkel Fritz – *Introducción a la caracterología* – Ed. Psique

Labake Julio Cesar – *Introducción a la psicología* – Ed. Bonum

Lembo Leonardo – *La verdadera magnitud del espacio gráfico*- Ed. propia

Lipton, Bruce, *Biología de la creencia*, Ed. Palmyra.

Livitnoff Norberto – *Más allá de Freud – Jung*- Ed. Homosapiens

Martínez Merchante, Juan Luis y Cruz Casado, Rafael, *¿Inteligentes o listos? Una mirada reflexiva desde la Grafología*, edición de autor, 2013.

Maladesky. F – *El cuestionario desiderativo* -

Mura Antonio - *El dibujo de los niños* - Ed. La escuela en el tiempo

Nutin Joseph – *La estructura de la personalidad* – Ed. Kapelusz

Oboils Sivia – *Psicología, uno y los otros* - Ed. AZ

Olivaux Robert – *De la observación de la escritura a la comprensión de la personalidad* - Ed Hachette

Ortiz de Maschwitz Elena – *El Cerebro en la educación de la persona* – Ed. Bonum

Ortiz Adriana- *Psicografomotricidad*- Ed. Waslada

Panju, Marziyah, *7 estrategias exitosas para desarrollar la inteligencia emocional*, Ed. Bonum.

Palmiro Viñas, Palliser Amadeo – *La grafología y los tests proyectivos en la percepción del arte*- Ed La Patumaire

Palmiro Viñas- Palliser Amadeo – *El simbolismo espacial en la grafología y los test proyectivos*- Ed. La Patumaire

Palmiro Viñas, Palliser Amadeo – *Las emociones y los sentimientos en la grafología* – Ed. La Patumaire

Palmiro Viñas, Palliser Amadeo – *Sociografología* – Ed. La Patumaire

Piaget Jean – *Psicología y pedagogía* – Ed. Ariel

Piaget Jean – *La psicología de la inteligencia* – Ed. Bonum

Piaget Jean, Wallon Henri y otros – *Los estadios en la psicología del niño* – Ed. Nueva Visión

Pichot Pierre- *Los test mentales*- Ed. Biblioteca del hombre contemporáneo.

Pizzi Antonello – *Psicología de la escritura* – Ed. AIPS

Pizzi Antonello- *Psicología de la escritura VIP*- Ed AIPS

Posada Angel Alberto - *Grafología y Grafopatología* - Ed. Paraninfo

Puente Mariliz, Viñals Carrera – *Psicodiagnóstico por la escritura* – Ed. Herder

Pulver Max – *El simbolismo de la escritura* - Ed. Victoriano Suárez

Pulver, Max, *El impulso y el crimen en la escritura*, Ed. Victoriano Suárez, 1952.

Pulver, Max, *La inteligencia en la expresión de la escritura*, Ed. Victoriano Suarez.

Ras, Matilde, *Lo que sabemos de Grafopatología. (Estudio de los escritos patológicos)*, Ed. Gregorio del Toro.

Ras, Silvia, *Grafotecnia. Grafología interpretativa*, Ed. Paraninfo,

Romar, Elisabeth, *Las inteligencias múltiples y la vocación en grafología*, Ed. Publicações Didáticas.

Rosenweigh. S- *Test de Frustración. PFT* - Ed. Paidós

Sanchez Bernuy Isabel – *Grafología, Prácticas de morfología* – Ed. Paraninfo

Sanchez Bernuy Isabel – *Grafología y aplicaciones*- Ed Xandró

Sanchez Bernuy Isabel – *Grafoterapia* y análisis transaccional- Ed Paraninfo

Simón Javier - *El gran libro de la Grafología* - Ed. Martinez Roca
Simón Javier – Cómo hacer análisis grafológicos – Ed. Martinez Roca

Simón Javier – *Análisis grafológico sencillo* – Ed Martinez Roca

Simón Javier – *La biblia de la grafología* – Ed. Edaf

Serratrice. G - Habib .M - *Escritura y Cerebro* - Ed. Mass

Silva Hernández Claudio - *Neuro Grafología* - Ed. Lasra

Tallaferro Alberto – *Curso básico de psicoanálisis* – Ed. Paidós

Teillard Ana – *El alma y la escritura* - Ed. Paraninfo

Tesouro de Grosso, Susana, *Grafología científica: la interpretación del alfabeto y la escritura*, Ed. Kier,

Tesouro de Grosso Susana – *Grafología emocional* – Ed. Kier

Tomati Graciela – Fernández Ricardo – *La Grafología como técnica proyectiva gráfica* - Ed. Bonum

Tomati Graciela – Fernández Ricardo – *Grafología. A la conducta por la letra y el dibujo* - Ed. Bonum

Tutusaus Jaime – *Principios grafoescriturales fundamentales* – Ed. Asociación Grafoanalistas consultivos

Tutusaus Jaime- *Grafología aplicada*- Ed. Rare el trac

Tutusaus Jaime- *Manual de grafología interpretativa*- Ed. Rare el trac

Tutusaus Jaime- *Grafología teórica y metodológica*- Ed. Rare el trac

Vels Augusto - *Grafología de la A a la Z* - Ed. Herder

Vels Augusto – *Diccionario de Grafología* – Ed. Herder

Vels Augusto - *Escritura y Personalidad* - Ed. Herder

Vels Augusto - *Grafología estructural y dinámica* – Ed. Herder

Vels Augusto - *Manual de Grafoanálisis* - Ed. AGC

Vels Augusto- *Dibujo y personalidad*- Ed. AGC

Viganó Carlos, Grecco Eduardo – *Psicopatología* - Ed. Bonum

Villacís, José, *Grafología y Grafopatología* - Ed. Edersa

Viñals, Francisco y Puente, Mariluz, *Psicodiagnóstico por la escritura. Grafoanálisis Transaccional*- Ed. Herder.

Vernengo Prack, Silvia Elena, *Madurez grafológica: edades no cronológicas*- Ed. Mazola

Villamarín, Beatriz, *Grafología I. Principios fundamentales para la formación del grafólogo*- Ed. Kaicrón,

Villamarín, Beatriz, *Grafoterapia y creatividad*- Ed. Lasra,

Villamarín, Beatriz y García, Roberto, *Grafoanálisis, Grafopatología clínica y forense*, Buenos Aires, Kaicron, 2012.

Watzlawick Paul – *Teoría de la comunicación humana* – Ed. Herder

Xandró Mauricio – *Grafología superior* - Ed. Herder

Xandró Mauricio – *Grafología y Psicología* – Ed. Praninfo

Xandró Mauricio – *Los complejos de inferioridad en la escritura* – Ed. Paraninfo

Xandró Mauricio - *Grafología para todos* - Ed. Xandró

Xandró Mauricio - *Análisis grafológico sencillo* – Ed Xandró

Xandro Mauricio – *Manual de test gráficos*- Ed. EOS

Para comunicarse con el autor:

rafpsicografo@yahoo.com.ar

www.rafpsicografo.com.ar